Monika Wilkening

Der Dialog als Schlüssel für guten Unterricht

Lernhaltungen reflektieren, Lernprozesse evaluieren und gezielter unterrichten

Projektleitung: Maren Krüger, Berlin
Redaktion: Judith Krieg, Berlin
Umschlagkonzept: Kerstin Zipfel, München
Umschlaggestaltung und -grafik: LemmeDESIGN, Berlin
Layout / technische Umsetzung: LemmeDESIGN, Berlin

www.cornelsen.de

1. Auflage 2021

Druck: AZ Druck und Datentechnik GmbH, Kempten

ISBN 978-3-589-16811-8

Monika Wilkening

Der Dialog als Schlüssel für guten Unterricht

Zur Autorin

Dr. Monika Wilkening ist Lehrerin an einem hessischen Gymnasium und Mitglied der Arbeitsgruppe „Lernen sichtbar machen“ zu den Hattie-Studien. Sie promovierte zur Selbst- und Partnerevaluation von Schüler/-innen im Fremdsprachenunterricht und schrieb zwei Praxisbücher für Lehrkräfte im Bereich Feedback.

Inhalt

Vorbemerkung: Dialog als Motor der Unterrichtsentwicklung

Von Prof. Dr. Wolfgang Beywl

Monika Wilkening zählt zu den wenigen langjährig tätigen Aktionsforschenden, die regelmäßig über ihre Forschungs- und Unterrichtspraxis publizieren. Dabei arbeitet sie zum einen die aktuelle wissenschaftliche Literatur zur Lehr-Lernforschung auf. Deren Darstellung richtet sich danach, was für die professionelle Lehrtätigkeit wichtig ist. Zum anderen demonstriert sie, wie sie wissenschaftliche Befunde in ihrer Unterrichtspraxis fruchtbar macht. In dieser Kombination liegt das Besondere auch dieser Publikation der Autorin.

Es geht ihr darum, den Unterricht dialogisch zu gestalten. Was sie den Lehrkräften für deren Unterricht empfiehlt, dies praktiziert sie auch mit ihrem Buch: Sie zeigt, wie sie die eigene Lehrpraxis zum Untersuchungsgegenstand macht und berichtet über diese Praxisforschung. Die zahlreichen Praxisbeispiele basieren auf Protokollnotizen, Umfragen in der Klasse, ausgewerteten Produkten der Schülerinnen und Schüler. Reflexion und Entwicklung sind somit doppelt abgestützt: auf die Evidenz der Erziehungswissenschaften und auf die selbst erzeugte Empirie. Die Anregungen und die vorgestellten Methoden sind nachvollziehbar hergeleitet und können durch kritische Leserinnen und Leser hinterfragt werden.

Die engagierte Lehrerin sieht es als große Herausforderung, dass es allzu viele Lernende gibt, die sich selbst überschätzen. Gleichzeitig scheuten diese das Risiko, dass ihr Unwissen aufgedeckt wird. Sie befürchteten, dass ihre Kompetenzen nicht ausreichen, herausfordernde Aufgaben zu bearbeiten. Ihre Lernzuwächse blieben daher hinter dem Wünschbaren zurück. Um diesen Teufelskreis zu durchbrechen, setzt die Autorin konsequent auf förderndes Lernfeedback – sowohl der Lehrkraft an die Schülerinnen und Schüler als auch als Peer-Feedback zwischen ihnen. Sie betont, dass hierfür eine eindeutig formative Unterrichtskultur erforderlich ist, die das Lernen beständig und zugewandt fördert. Wenn es der Lehrkraft gelingt, diese Grundhaltung des „formativen Assessments" einzunehmen, könne die unterrichtliche Mitsteuerung und -verantwortung durch Lernende aufgebaut und gesteigert werden. Hierfür sollten diese zu kritischen und konstruktiven Rückmeldungen zum Unterricht eingeladen werden – die dann auch nachvollziehbar in die Unterrichtsentwicklung einfließen.

Ermöglicht wird diese gemeinsame Verantwortung für den Unterricht durch den Dialog, das folgenreiche Gespräch über den Unterricht. Bei aller Differenz des Wissens und Könnens zwischen Lehrenden und Lernenden ist dafür gegenseitige Wahrnehmung und Respekt, also Augenhöhe erforderlich.

Dialog meint auch, das lebenslange Lernen als professionelle pädagogische Fachkraft im Austausch mit der Forschung, der Fachcommunity, den Schülerinnen und Schülern sowie als eigene pädagogische Reflexion zu gestalten.

MONIKA WILKENINGS Buch bietet wissenschaftlich begründete Orientierungen und vielfältige Tipps für die Praxis. Es ist zu wünschen, dass es bei zahlreichen Lehrkräften das Bewusstsein dafür stärkt, wie zentral eine entwicklungsorientierte Geisteshaltung bei allen am Unterricht Beteiligten ist. Für eine solche offene Lernhaltung liefert MONIKA WILKENING mit ihrem Buch ein authentisches Modell.

Vorwort

Besser lernen durch Dialog? Brauchen wir dazu noch ein Buch, liebe Kolleginnen und Kollegen? Wir geben doch tagtäglich unser Bestes: Wir sind engagiert und offen für Neuerungen, meistern die Hürden des Alltags. Und nebenbei bilden wir uns fort: Mit den Neuerungen und Ergebnissen der PISA-Studie aus dem Jahr 2018 beschäftigen wir uns dabei ebenso wie mit den Anforderungen an globales Lernen. Und natürlich sprechen wir miteinander.

Wir können von Praxisratgebern rund um „guten Unterricht", etwa zu Gesprächen, profitieren: Wir führen Unterrichtsgespräche, Rückmeldegespräche, Lernentwicklungsgespräche, Lerndialoge etc.

Warum ist es dennoch so schwer, gute Gespräche zwischen uns und unseren Schüler/-innen und den Schüler/-innen untereinander anzuleiten, Gespräche, in denen das Lernen thematisiert wird, um es ggf. effektiver zu gestalten? Schließlich möchten wir bei unseren Lernenden die Grundlagen für lebenslanges Lernen schaffen.

Häufig stehen wir vor dem Problem, dass unsere Lernenden sich kaum für einen tiefer gehenden Dialog öffnen. Liegt es möglicherweise daran, dass sie Fragen, Aufgaben oder Inhalte nicht immer verstehen? Und verstehen sie die Kompetenzen und Erfolgskriterien, über die sie am Ende verfügen sollen? Üben und wiederholen sie in der Interaktion miteinander? Fehlen ihnen womöglich Gesprächskompetenzen? Können sie gewinnbringend zuhören und wahrnehmen, auf Fragen eingehen und Fragen stellen, Lernbedürfnisse formulieren? Ist das Klima in der Klasse lernfördernd? Sind die Lernenden bereit, Feedback aufzunehmen und zu geben? Profitieren sie vom Feedback? Liegen die Schwierigkeiten bei der Umsetzung eines guten Dialogs vielleicht an grundlegenden Voraussetzungen, den Einstellungen zum Lernen und den Lernmotivatoren, an festgefügten Lernhaltungen *(fixed mindset)*, die zu selten in entwicklungsoffenere Einstellungen *(growth mindset)* umgewandelt werden? Sind die Lernenden überhaupt an ihrem Lernprozess, ihrer Lernerfahrung interessiert, an der ja vieles optimiert werden kann, oder nur an der „Endnote"?

Viele der hier aufgeworfenen Fragen beschäftigen sicherlich auch Sie in Ihrem Schulalltag. Deshalb beleuchte ich den Dialog mit den Schüler/-innen in diesem Buch in seinen verschiedenen Facetten, denn das Lernen, hier Lernen durch guten Dialog, liegt uns als motivierten Lehrkräften allen am Herzen. Ebendieser gute Dialog ist auch das Herzstück der Möglichkeit, mit unseren Schüler/-innen während und nach der Pandemie gemeinsam Lernerfahrungen zu verarbeiten und daran zu wachsen.

Auch ich lerne täglich von meinen Schülerinnen und Schülern. Persönliche Motivation und Berufsethos haben dazu geführt, dass ich mich schon seit langem in der Fachdidaktik meiner beiden Fächer, den modernen Fremdsprachen, engagiere; die Aktionsforschung meines eigenen Unterrichts mit Befragungen zu unterschiedlichen Themen beziehe ich dabei ein. In den letzten Jahren habe ich mich intensiv mit Rückmeldeprozessen beschäftigt. Ich habe die Erfahrung gemacht, dass die uns allen bekannten traditionellen Formen von einseitigen Rückmeldungen nicht auf effektive Weise zum Weiterlernen beitragen. Aus diesem Mangel heraus hat mich die neuere Forschung zu dialogischem Feedback fasziniert.

Im englischsprachigen Raum wurde in den letzten Jahrzehnten hierzu schon vieles erfolgreich erprobt. Ich möchte – neben den anderen oben genannten Themen – einige Erkenntnisse und Erfahrungen mit Ihnen teilen, die ich selbst für meine Praxis hilfreich finde und die für alle Schulformen, Fächer und Klassenstufen anpassbar oder auch sofort anwendbar sind: Ideen und Impulse für gute Feedbackgespräche der Lehrkraft mit Lernenden, für gutes Partnerfeedback und gutes Selbstfeedback, die die Verantwortung für das eigene Lernen stärken.

Da mich die Einstellung der Schüler/-innen zum Lernen so manches Mal nachdenklich stimmt und sie gute Gespräche beim und über das Lernen behindern kann, habe ich mich mit der grundlegenden Literatur zu Lerneinstellungen *(fixed mindset / open mindset)* befasst, in der umfangreiche Vorschläge zur praktischen Umsetzung gemacht werden. Diese – im Allgemeinen interaktiv konzipierten – Vorschläge habe ich für unsere Schulen angepasst und möchte sie mit Ihnen teilen.

Ich lade Sie, liebe Kolleginnen und Kollegen, ein, sich mit mir auf eine spannende Reise zu begeben, auf der wir über effektive Gespräche während des Lernens sowie über das Lernen gemeinsam nachdenken. Natürlich gibt es dabei keine „fertigen Rezepte". Das Ende ist offen, denn der Weg ist das Ziel. Aber es gibt eine gute Nachricht: Wir können diese Gespräche positiv beeinflussen. Bemühen wir uns also darum, gemeinsam mit allen am Lernprozess Beteiligten gute Voraussetzungen dafür zu schaffen. Wir können mit unseren Lernenden Gespräche planen, diese durchführen und auswerten, sodass alle ihr Handwerkszeug für lebenslanges Lernen einüben. Der neuseeländische Bildungsforscher John Hattie gibt uns dazu folgendes Motto mit auf den Weg: „Know Thy Impact!" (Kenne deinen Einfluss.)[1]

1 Hattie 2014, VII.

1 Einleitung: Der Dialog mit den Schülerinnen und Schülern als Herausforderung

Seit der ersten PISA-Studie 2000 wurden verstärkt Verfahren zur Qualitätssicherung entwickelt. Die ab 2002 formulierten Bildungsstandards orientieren sich an Kompetenzen, die festlegen, über welche fachlichen und überfachlichen Fähigkeiten und Fertigkeiten die Lernenden zu bestimmten Zeitpunkten verfügen sollen. Über Inhalte hinaus werden methodische Strategien zum Erwerb und zur Anwendung des Wissens wichtig; Lernende üben auch personale und soziale Dispositionen, Einstellungen und Haltungen ein. Alle Kompetenzen helfen dabei, aktuelle Anforderungssituationen zu bewältigen, und fördern gleichzeitig die lebenslange Fähigkeit und Motivation, sich neuen Situationen auszusetzen und dadurch zu lernen.

Die dafür nötige „umfassende Persönlichkeitsbildung" erhält in der PISA-Studie aus dem Jahr 2018 erstmals einen hohen Stellenwert. Auch das Thema „Wohlbefinden" wurde in der Studie 2018 wesentlich auf Jugendliche und junge Erwachsene bezogen. Neu ist ebenfalls die Domäne „globale Kompetenz": Dabei sind „Kommunikation und Teamfähigkeit" soziale Kompetenzen, „Offenheit und Flexibilität" und „emotionale Stärke und Selbstregulierung" wiederum personale Kompetenzen. Diese drei von vier globalen Dimensionen liegen effektiven Gesprächen zugrunde.

Überfachliche Kompetenzen, insbesondere personale Kompetenzen, sind schwer zu fördern. Die Schule kann den Lernenden lediglich Gelegenheit bieten, eigenverantwortliches Handeln aktiv selbst zu regulieren und eigene Potenziale weiterzuentwickeln. Dafür ist es notwendig, mit den Lernenden entsprechende Verfahren einzuüben, durch die sie ihre Lernprozesse selbst steuern und reflektieren können. Ein zentrales Verfahren sind gute Gespräche beim und über das Lernen. Beide Ebenen sind Themen dieses Buches und eng miteinander verwoben.

Viele Lernende meinen, die Unterrichtsgespräche seien bereits gut.

Aus der Praxis: *Betrachten wir die Analyse meiner Umfrageergebnisse dazu.*[1] *Die Schüler/-innen sind keinesfalls der Ansicht, dass im Unterricht zu wenige Gespräche stattfinden (Schulnote 4,5), aber sie nehmen nur mittelmäßig gern selbst an diesen Teil (Schulnote 2,37) und haben Schwierigkeiten auszudrü-*

1 Anonyme Umfrage in meiner 10. Klasse zu 20 Aspekten von Unterrichtsgesprächen; Benotung nach Schulnoten, inwieweit der Aussage zugestimmt wird.

cken, was sie möchten (Schulnote 2,5) bzw. ihre Lernbedürfnisse zu formulieren (Schulnote 2,75).

Es gilt also einerseits, die Gründe für diese Zurückhaltung herauszufinden sowie die persönlichen und sozialen Gesprächskompetenzen der Lernenden zu fördern. Andererseits sollten methodische Strategien angeboten werden (Instrumente und Aktivitäten), die gezielter zur aktiven Teilnahme und Gestaltung der Gespräche motivieren.

Von diesen allgemeinen Fragen ausgehend möchten wir herausfinden, ob die Gespräche im Unterricht wirklich Lernprozesse anstoßen. Und warum erscheint es so schwer, solche Gespräche zwischen Lehrenden und Lernenden und zwischen den Schüler/-innen untereinander umzusetzen?

Hier werden Inhalte und Verfahren eng miteinander verknüpft: Warum ist das Hauptanliegen von Schule, das Lernen, so selten Thema, warum geht es so selten um das *Wie?* Der neuseeländische Bildungsforscher HATTIE kritisiert: „Weder die Lehrpersonen noch die Lernenden [reden] über das Lernen, obwohl die Unterrichtsaktivität eigentlich Lernen produzieren sollte.“[2]

Unsere Lernenden denken bereits über Schule und Unterricht nach. Doch bedeutet dies, dass der *effektive Kompetenzerwerb anhand von Inhalten* im Zentrum ihrer Gedanken und Bestrebungen steht? Wohl kaum, orientieren sie sich doch aufgrund ihrer *Sozialisierung* eher an Leistung und Bewertung.

Zum Ersten ist es verständlich, dass sich die Eltern um die Zukunft ihrer Kinder sorgen und die Qualität der Ausbildung anhand der Notengebung beurteilen. Schließlich sollen die Kinder später gute Chancen haben. Mit dieser Prägung betreten die Lernenden dann die Schule. Es ist daher kein Wunder, dass sich viele von ihnen eher auf das durch Noten ausgewiesene, erfolgreiche Ergebnis konzentrieren und weniger Aufmerksamkeit auf das Lernen selbst und das Nachdenken über Lernprozesse richten. Dies führt dazu, dass viele gute Schüler/-innen nach Lob und Erfolg streben, während Schwächere eher an Selbstvertrauen verlieren und unter steigenden psychischen Belastungen leiden. EARL spricht davon, dass wir uns bemühen sollten, die Sozialisation unserer Schüler/-innen „umzukehren“[3], indem wir „das Lernen“ thematisieren.

Zum Zweiten ist Lernen kognitiv anspruchsvoll und anstrengend. Sind die Lernenden hierzu bereit? Verfügen sie über ausreichend soziale und

2 HATTIE 2013, S. 285.

3 Vgl. EARL 2013², S. 85.

methodische Kompetenzen, um sich mit anderen gewinnbringend über ihre Lernprozesse auszutauschen? – Und drittens: Haben sie die persönliche Stärke, sich mit Rückmeldungen zu ihrem eigenen Lernen offen und ehrlich auseinanderzusetzen, sei es im Selbstfeedback, im Dialog mit Lehrenden oder im Dialog mit Mitlernenden? Es könnte nämlich auch manchmal schmerzhaft werden … Aus diesem Grunde beginnt dieses Buch mit zentralen Kapiteln zu den Voraussetzungen eines erfolgreichen Dialogs: den Lernhaltungen und -einstellungen.

Auch für uns Lehrende ist dies eine große Herausforderung: Wir motivieren immer wieder zum Dialog im Unterricht und zum metakognitiven Dialog, die beide das „Lernen" zum Thema haben. Wir leiten die Lernenden an, das große Angebot an Feedbackinstrumenten gewinnbringend zu nutzen, und wir lernen alle aus Feedback. Aufgrund unserer professionellen Überzeugung und Verpflichtung gibt es nur diese eine Richtung, in die wir gemeinsam mit unseren Lernenden gehen können.

Wir bemühen uns, mit unseren Lernenden einen effektiven Dialog zu üben; deshalb benötigen wir Impulse und Beispiele. Aus der Praxis für die Praxis werden im vorliegenden Band verschiedene Verfahren beleuchtet, mit denen wir guten Dialog in unserem Unterricht noch weiter verbessern können. Wenn dies gelingt, kann dadurch auch das Lernen verbessert werden.

Backwash-Effekte sind einflussreich

Backwash-Effekte, das heißt der Einfluss, welchen ein künftiges Ergebnis auf den Prozess hat, können den Dialog unterstützen. Jedes verbal oder nonverbal begleitete Handeln eines Menschen im täglichen Leben hat in Bezug auf seine Umgebung einen *Backwash*-Effekt zur Folge. So schätzen etwa Lernende eine Handlung oder ein Thema als wichtig ein, wenn die Lehrkraft Zeit und Aufmerksamkeit darauf verwendet.[4]

***Aus der Praxis:** zunächst einige Negativbeispiele:*
Eine Referendarin verteilt Süßigkeiten an diejenigen, die sich beteiligen. Die Mitarbeit ist gut. Als sie eines Tages keine Süßigkeiten dabei hat, macht niemand mehr mit …
Ein Lehrer lässt die Seiten aus dem Lehrbuch auswendig lernen und vergibt für das richtige Aufsagen gute mündliche Noten. Alle bemühen sich, den Wortlaut korrekt zu lernen. In der folgenden Klassenarbeit jedoch können die Lernenden die inhaltlichen Fragen gar nicht beantworten …

4 Vgl. Cowie 2005, S. 144.

Ein Lehrer beschäftigt sich anderweitig, während seine Lernenden Aufgaben bearbeiten. Sie schließen daraus, dass diese nicht wichtig sind.[5]

In diesen Extrembeispielen werden den Lernenden „falsche" Signale gegeben, die mit Lernen nichts zu tun haben.

Aber auch Lernen und Nachdenken über Lernprozesse kann misslingen, selbst wenn man Zeit dafür einräumt.

***Zunächst ein Beispiel zum Online-Lernen in Pandemiezeiten:** Zusätzlich zu den Aufgaben und Arbeitsmaterialien, die ich meinen Abiturientinnen und Abiturienten wöchentlich für ihre letzten Vorbereitungen schicke, bitte ich sie, einen Text von 100 (!) Wörtern zu schreiben und mir zurückzusenden. Die Hälfte der Lernenden leistet dem Folge. (Hintergrund: Das Kultusministerium hat verfügt, dass die „Hausaufgaben" nicht notenrelevant sind.) – Interessieren sich zumindest diese wenigen Schüler/-innen für meine unterstützenden Hinweise?*

***Weitere Beispiele aus der Praxis:** Nachdenken über Lernen: Lernende sollen sich selbst einschätzen. Der Katalog mit Erfolgskriterien aus der Lerneinheit liegt ihnen vor. Sie kreuzen an allen Stellen „sehr gut verstanden" an.*

Beim Partnerfeedback erhält ein sehr beliebter Mitschüler auf seine nach den allseits bekannten Kriterien sehr schlechte Präsentation überwiegend 14 und 15 Punkte …

Wir sehen: Es besteht ein enger Zusammenhang zwischen Feedback und *Backwash*-Effekt. Letzterer muss von uns daher in allen Phasen der Planung, Durchführung und Rückmeldung intensiv gelenkt werden. Auf diese Weise können gute Gespräche beim und über das Lernen stattfinden, und zwar zwischen allen Beteiligten: Lehrkraft – Lernende, Lernende – Mitlernende, Lernende „mit sich selbst", Metareflexionen. Dadurch können wir das individuelle Lernen so verbessern, dass Lernende positive Erfahrungen damit machen. Ein Motivationsschub beflügelt sie, sich bereitwillig auf die nächste Lern- und Reflexionsrunde einzulassen.

Motivation durch Backwash-Effekte

Dieses Lernen ist Teil eines Prozesses und wird auch in der Reflexion prozessorientiert gesehen: Es geht um die Effektivität aller Aktivitäten, die zum Etappenziel (zur jeweiligen Lernaufgabe) hinleiten. Im Gegensatz zur summativen Haltung, die sich auf die Benotung am Ende des jeweiligen Lernprozesses konzentriert, nennt WILIAM diese Lehrhaltungen „formative

5 COWIE 2005, S. 144, fährt fort, dass Lernende das Interesse der Lehrkraft an ihren Aufgaben schnell einzuschätzen wissen und ihr Engagement entsprechend ausrichten.

assessment“ oder „assessment for learning“.[6] Dabei bedeutet „assessment“ nicht unbedingt „Leistung“, sondern „Einschätzung, Auswertung u. v. m.“.

Lernprozesse zukunftsorientiert

Den Unterschied zwischen der *formativen* und der *summativen* Haltung kann man sich durch Bilder vor Augen führen: „Formativ“ bedeutet, das Lernen, d. h. den gesamten (lebenden) Prozess, im Spiegel anzuschauen; dieses Lernen kann man optimieren, insofern ist es zukunftsorientiert. Nimmt man eine summative Haltung ein, so macht man sich ein Bild vom Lernergebnis; da dieses nicht mehr optimiert werden kann, orientiert sich eine solche Haltung an der Vergangenheit.

Gespräche als Teil eines umfassenden Lehr-Lernkonzepts

Häufig wird „assessment for learning“ falsch verstanden. WILIAM erklärt: „AfI is about better teaching.“[7] Es geht also um die gesamte Lehrhaltung, um ein Lehr-Lernkonzept. Aus diesem Grunde betrachtet dieses Buch nicht „nur“ gute Gespräche im Unterricht im engeren Sinne (Teil 3), sondern setzt mit den Voraussetzungen einen Schritt früher an, denn dadurch kann erst ein umfassendes Lehr-Lernkonzept entstehen. (Teil 2).

Und selbst wenn das Programm Ihrer Schule / Ihres Bundeslandes sehr auf summatives Arbeiten abzielt, können Sie dennoch Voraussetzungen für „gute Gespräche“ schaffen und in Ihrem Unterricht formative Techniken anwenden.[8] Interaktive Formen sind dafür besonders geeignet.

Die theoretischen Überlegungen zu „gutem Unterricht“ von MEYER 2004, HELMKE 2005 und HATTIE 2009 (der sich nicht in einem Kriterienkatalog dazu äußert) beziehen sich ebenfalls in allen Aspekten auf Gespräche beim und über das Lernen. Die wesentlichen Punkte werden hier zusammengestellt. Auch für Gespräche ist erforderlich, dass Lernende ihr Lernen aktiv und selbstständig steuern können (HELMKE) und an ihrem Lernprozess partizipieren dürfen (HATTIE).

6 WINTER 2015, S. 11. Beim „assessment as learning“ (EARL 2013[2]), einer Unterform, erkennen die Lernenden durch Selbstbeurteilung und Steuerung ihres Lernens, wie sie weiterlernen können. Beim „assessment of learning“ hingegen – das wir laut Gesetzen und Verordnungen ständig betreiben müssen – handelt es sich um die summative Benotung einer Einzelleistung, die am Ende des Prozesses steht und deshalb auch unveränderbar ist.

7 Zit. n. STEWART 2012.

8 Vgl. ALLAL 2016, S. 271.

Dies können Lehrende durch folgende Verfahrensweisen besonders gut erreichen:

- Freude und Mut zur Innovation und „Anstecken“ der Lernenden (HATTIE)
- Gestaltung eines lernförderlichen Klimas (HELMKE, MEYER); Stärkung einer guten Beziehung zwischen Lehrkraft und Lernenden, unter anderem durch gegenseitiges Zuhören (HATTIE)
- effiziente Nutzung der Lernzeit (HELMKE, MEYER), Klassenführung (HELMKE), Vorbereitung der Lernumgebung (MEYER)
- bewusste Steuerung der Strukturiertheit, Klarheit, Verständlichkeit (HATTIE, HELMKE, MEYER)
- Schülerorientierung, Motivation, Vielfältigkeit (HELMKE); „mit den Augen der Lernenden gestalten“ (HATTIE)
- Abwechslungsreichtum der Methoden (HELMKE, MEYER) und Sozialformen (HELMKE)
- individuelle Förderung (HELMKE, MEYER)
- transparente Leistungserwartungen (HELMKE), die ziel-, wirkungs- und kompetenzorientiert sind (HELMKE) und ständig Lernstände erheben (HATTIE)
- Üungen, Wiederholungen, Sicherungen (HATTIE, HELMKE, MEYER); auch Lernen anhand sozialer Beispiele (HATTIE)
- Feedback an und von der Lehrkraft, an „sich selbst“, an Mitlernende; Metakognition (HATTIE)

Daraus entwickelt sich sinnstiftende Kommunikation im Unterricht (MEYER).

HATTIE zeichnet einen ganzen „Weg guten Lernens“[9] auf, den die Lehrkraft gestalten soll. Er bezieht auch viele nicht-kognitive Faktoren ein.

Das Gegenstück guten Unterrichts (und damit auch guter Gespräche) haben Studierende meines Hauptseminars Fachdidaktik Englisch zusammengestellt und im Plenum erörtert. Die folgende Abbildung fasst die Ergebnisse zusammen.

9 HATTIE 2015, XIV.

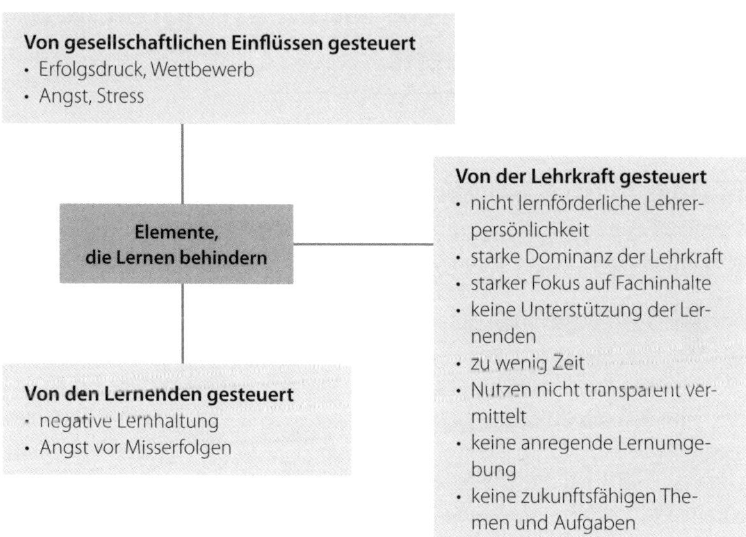

Abb. 1

An den Aussagen von Lernexperten, die ich hier exemplarisch vorgestellt habe, zeigt sich deutlich, dass Lernen auch maßgeblich von nicht-kognitiven Faktoren abhängt. PISA 2018 wiederum hat den Lernenden viele Fragen hierzu gestellt. Die von diesen Fragen angesprochenen *Lerneinstellungen und -überzeugungen, Leistungsziele und Motivatoren*[10] liegen auch Gesprächen beim und über das Lernen zugrunde; deshalb werden sie – unter Hinzuziehung relevanter Lerntheorien – im nächsten Kapitel ebenfalls angesprochen.

10 Vgl. OECD 2019a, S. 229–231.

2 Voraussetzungen für einen erfolgreichen Dialog im Unterricht

2.1 Lernmotivatoren: Lerntheorien

IHRE ERFAHRUNGEN SIND WICHTIG
Welche Elemente können die Lernmotivation steigern?
Welche Hindernisse für die Lernmotivation sehen Sie?

HOPKINS[1] stellt Motivation als Kernelement erfolgreichen Lernens dar: als den Wunsch, etwas zu leisten, als Liebe zum Lernen, als Freude an der Herausforderung und als Fähigkeit, Hindernisse anzugehen. Welche Erklärungen zum Verständnis von Lernmotivation liefern uns wesentliche Lerntheorien?

PIAGET und auch die Theorien *dynamischer Systeme* gehen von der angeborenen Motivation des Kindes aus, seine Umgebung zu erforschen. Wahrnehmung, Handeln, Aufmerksamkeit, Gedächtnis, Sprache und soziale Einflüsse bringen Handlungen hervor.[2] Dies bedeutet, dass Motivation durch geeignete Steuerung dieser Faktoren aufrechterhalten werden kann.

Auch HATTIE kommt zu einem ähnlichen Schluss. Er orientiert sich an den Thesen des *kognitivistischen* US-amerikanischen Lernpsychologen Willingham zu Lernen und Lernmotivation[3]: Seine Überlegungen bieten eine Vorschau auf wichtige Themen dieses Buches.

Laut HATTIE reagieren Schülerinnen und Schüler auf ein von der Lehrkraft gut vorbereitetes Unterrichtsangebot häufig gleichgültig, da sie das Lernen als mühsam, als nicht angenehm betrachten und ihnen die Anstrengung als Verschwendung von Ressourcen erscheint. Eine solche Anstrengung müsste mit ihrer persönlichen Motivation, mit ehrgeizigen Zielen und dem Vertrauen auf den persönlichen Erfolg (s. u. Selbstwirksamkeit) vereinbar sein. Außerdem bringt Denken viel Unsicherheit mit sich, gute Ergebnisse sind nicht garantiert, Erwartungen können nicht erfüllt werden, Versagensängste kommen auf. Deshalb sind Lernende laut HATTIE häufig risikoscheu und wollen Bestehendes – selbst wenn dieses zu wünschen übriglässt – nicht infrage stellen. Viele von ihnen leiden seiner Ansicht nach an Selbstüberschätzung beim Lernen und unterschätzen den notwendigen Zeit- und

1 HOPKINS 2015.
2 Vgl. SIEGLER et al. 2016[4], S. 149.
3 Vgl. HATTIE 2015, S. 2–7 und S. 113–114.

Übungsaufwand sowie die eigene Arbeitsdisziplin und Entschlossenheit („emotionale Verantwortung"). Darüber hinaus haben viele von ihnen Schwierigkeiten damit, Wissen und Erfahrungen so zu speichern, dass diese abrufbar sind. Die natürliche Neugierde der Lernenden beschränkt sich häufig auf Schließung von „sicheren" Wissenslücken; es besteht keine Motivation, etwas zu lernen, über das man nur wenig weiß; dies stellt eine zu hohe „kognitive Belastung" dar, die jede natürliche Neugierde erstickt.

Laut HATTIE gibt es auch den positiven Gegenpol: Wenn Lernende beim Lernen eine Herausforderung entdecken und auch über die Mittel verfügen, diese zu meistern, dann ist Neugierde lohnenswert und sie bemühen sich, darauf aufzubauen (Lernmöglichkeiten vergrößern).

Hier schließt BANDURA mit seiner *Theorie der Selbstwirksamkeitserwartung* an: Menschen sind gemeinhin überzeugt davon, dass sie die Fähigkeit haben, sich auf eine Weise zu verhalten, die Erfolge erzielt. Sie sind daher in der Lage, Erwartungen persönlicher Wirksamkeit zu schaffen und zu verstärken und somit ihre Lernanstrengungen zu regulieren. Lernende mit hoher Selbstwirksamkeitserwartung betrachten schwierige Aufgaben als Herausforderung und erhöhen ihre Anstrengungen bei Fehlschlägen.[4] Lernende mit geringer Selbstwirksamkeitserwartung hingegen betrachten allzu herausfordernde Aufgaben als persönliche Bedrohung und haben eine geringere Ambition und Motivation, diese zu meistern. Demzufolge belasten Fehlschläge sie schwer. Des Weiteren betont auch BANDURA, dass das Lernen vor allem sozialer Natur ist und auf der Beobachtung anderer Menschen fußt. So kann Feedback von Experten die Selbstwirksamkeitserwartung steigern.[5]

DWECK fasst diese Gedanken in ihrer Theorie der *sozialen Kognition* von 2006[6] zusammen: Sie diskutiert unterschiedliche Lerneinstellungen und Leistungsmotivatoren: die offene und die festgefügte Denkhaltung. Da mir diese für erfolgreiches Kommunizieren und daraus folgende Lernprozesse besonders wesentlich erscheinen, habe ich ihnen ein eigenes Kapitel gewidmet, das an die Darstellung der Lerntheorien anschließt.

Faktoren, die einen besonders wichtigen Einfluss auf das Selbstwertgefühl haben (s. hierzu meine Umfrage zur Wertschätzung, Abb. 2, S. 36), sind die *Anerkennung und Unterstützung, aber auch die verinnerlichte Bewertung durch andere.* Anerkennung, Interesse und Unterstützung und gleichzeitige Anwendung strenger Erziehungsmethoden führen meist dazu, dass Kinder

4 Vgl. BANDURA 1977, S. 193 und BANDURA 1994, S. 2.
5 Vgl. VANDEWALLE 2003, S. 583.
6 Vgl. DWECK 2016.

über ein hohes Selbstwertgefühl verfügen. Dieses Wissen ist auch für Lehrkräfte wichtig. SIEGLER fasst zusammen: „Die Art und Qualität der Interaktionen mit den Eltern und anderen Bezugspersonen gehört zu den wichtigsten Einflüssen auf das Selbstwertgefühl von Kindern.“ [7]

Im Zentrum der *Selbstbestimmungstheorie* von DECI und RYAN steht die Erklärung von Motivation: Menschen sind von Geburt an neugierig und proaktiv engagiert, dadurch intrinsisch (im Gegensatz zu extrinsisch) motiviert.[8] Diese Erkenntnis ergänzt CSIKSZENTMIHALYI, der 1975 den *Flow*-Moment beschreibt: Entweder haben Lernende ein intrinsisches Interesse an einer Aufgabe oder aber ihre Fähigkeiten entsprechen den Herausforderungen, vor die diese Aufgabe sie stellt. Erscheint ein Ziel unerreichbar, geben Lernende schnell auf. In diesem Fall fokussieren sie weniger anspruchsvolle Ziele oder sie klinken sich völlig aus.[9] – Diese Beschreibung stimmt mit den oben genannten Theorien zur Motivation und Lerneinstellung von Willingham überein.

DECI und RYAN betonen, dass Motivation an *Autonomie* (Fähigkeit zur kompetenten eigenen Planung, Strukturierung, Reflexion des Lernprozesses), *Kompetenz* (Fähigkeit zur Beschaffung, Verarbeitung und Präsentation von Aufgaben) und *soziale Eingebundenheit* geknüpft ist. Ohne diese Faktoren kann kein erfolgreiches Lernen stattfinden.[10] Als soziale Wesen[11] können die Mitlernenden im Lerndialog mit den anderen ihre Grundbedürfnisse nach persönlicher Kompetenz, Verbundenheit mit Peers und Autonomie befriedigen, was wiederum Motivation, Wachstum und Wohlbefinden positiv beeinflusst. Anders gesagt: Eine positive persönliche Entwicklung hin zur Selbstregulierung ist in höchstem Maße abhängig von *sozialer Unterstützung durch Peers.*[12] Peer-Interaktionen unterstützen Jugendliche durch sozialen und emotionalen Gewinn in ihrer Entwicklung und unterscheiden sich fundamental von der Beziehung zu Lehrkräften. Gleichberechtigung, Gegenseitigkeit, Kooperation und Vertrautheit spielen eine zentrale Rolle. Peer-Interaktionen unterstützen aber auch die „Geber“: Z. B. vermittelt ein Partnerfeedback, welches anderen geholfen hat, das Gefühl höherer Kompetenz und Autonomie, sodass „Geber“ auch sozial, inhaltlich und methodisch für sich selbst gelernt haben. Deshalb sind bei-

7 SIEGLER et al. 2016[4], S. 426.
8 Vgl. RYAN/DECI 2017.
9 Vgl. CSIKSZENTMIHALYI 1990.
10 Vgl. BASTIAN 2015, S. 7.
11 RYAN/DECI 2017, S. 4.
12 Vgl. RYAN/DECI 2017, S. 8.

spielsweise ein gutes Klassenklima, aber auch eine Anleitung zu gutem Partnerfeedback so wichtig. Ohne diese Grundlagen laufen die Gespräche beim und über das Lernen ins Leere.

2.2 Festgefügtes Denken und entwicklungsoffene Einstellung

IHRE ERFAHRUNGEN SIND WICHTIG
Was verstehen Sie unter einer festgefügten Denkweise, was unter einer offenen?
Welche Erfahrungen haben Sie mit Lerneinstellungen gemacht?
Könnten kompetenzorientierte Gespräche im Lernprozess hilfreich sein?

Vor meinen Erläuterungen zum Begriff der Lernhaltung möchte ich an dieser Stelle einige Ergebnisse aus Befragungen vorstellen, die ich mit meinen Schüler/-innen durchgeführt habe. Die darin untersuchten Themen schließen unmittelbar an die im Kapitel zu den Lerntheorien behandelten an. An ihnen zeigt sich, wie wichtig das gemeinsame Nachdenken über Lerneinstellungen ist, bevor man überhaupt an gute Gespräche denken kann.[13]

Aussage 8: Ich finde *Herausforderungen* im Unterricht gut. – *Ergebnisse:* Kl. 5. 2,2 (an 28. Stelle/29); Kl: 7: 2,5 (an 23. Stelle/29); Kl. 8: 3 (an 20. Stelle/29)
Aussage 9: Ich gehe gern mal ein *Risiko* ein. – *Ergebnisse* zu Aussage 9: Kl. 5: 2,15 (an 25. Stelle/29); Kl. 7: 3,05 (an 29. Stelle), Kl. 8: 2,87 (an 20. Stelle/29)

Analyse: In allen drei Klassen werden zwar „Herausforderungen/Risiken" als wichtig für „Lernen" angesehen, stehen jedoch am unteren Ende der Rangfolge aller 29 angebotenen Faktoren zu Lernen. – Dies bedeutet, dass die Kultur, Herausforderungen und Risiken einzugehen, besser gepflegt werden muss, und dass der Profit, der oft dabei entsteht, für das eigene Lernen immens sein kann.

Meine Befragung einer Klasse 9 ergab zu Misserfolgen/Fehlern:

13 Ich habe je eine Klasse 5, 7 und 8 anonym zu 29 Aussagen über das Lernen befragt. Diese Aussagen habe ich – sozusagen deduktiv – aus der Forschung zu Lernhaltungen übernommen. Aufgrund der Ergebnisse habe ich – sozusagen induktiv – die Kapitel in diesem Buch gestaltet. Einige wesentliche Punkte sind hier zusammenfassend dargestellt. Sie bilden u. a. die Basis für erfolgreiche Gespräche. Die Schüler/-innen haben Schulnoten auf diese Aussagen gegeben, für die ich dann jeweils den Klassendurchschnitt errechnet habe. Außerdem habe ich die Rangfolge der Bewertungen festgelegt.

Wenn ich einen *Misserfolg* erlebe, sehe ich das als *Chance* zum Lernen.

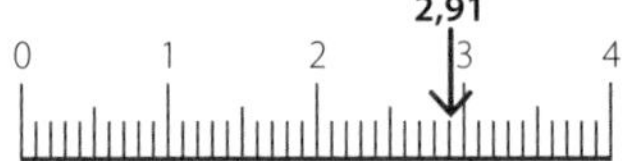

Fehler sehe ich als *persönliche Defizite.*

Analyse: Fehler werden also eher als persönliche Schwächen angesehen.

Meine hier vorgestellte Aktionsforschung auf Mikroebene leitet direkt über zu den Forschungsergebnissen externer Evaluationen auf Makroebene, die gleichzeitig noch einmal wesentliche Aspekte aus den Lerntheorien aufnehmen.

2.2.1 Neuerungen in der PISA-Studie 2018

Die PISA-Studie 2018 untersucht in Tafel 18 und Kap. 14 erstmals ausführlich festgefügte und entwicklungsoffene Lerneinstellungen[14]. Allgemeines Ergebnis ist, dass Lernende mit entwicklungsoffener Lerneinstellung eine höhere Motivation haben, Aufgaben zu bewältigen, über höhere Selbstwirksamkeitserwartung verfügen (s. BANDURA), sich höhere Lernziele setzen, sich besser bewerten und weniger Angst vor Versagen haben. Allerdings weisen diesbezüglich Deutschland und Flandern eine (nicht interpretierte) Ausnahme zu den anderen Ländern auf: Hier – anders als in allen anderen Schulsystemen, die von einer lernoffenen Einstellung geprägt sind – haben Lernende mit einer solchen offenen Einstellung dennoch große Angst vor Misserfolgen. Dies macht deutlich, dass es besonders notwendig ist, Lerneinstellungen zu analysieren und unterstützende Aktivitäten anzubieten, die den genannten Widerspruch abmildern können. Dabei sind die Forschungsergebnisse von DWECK federführend und besonders hilfreich: Sie sollen nun in der Folge genauer betrachtet werden

2.2.2 Definitionen von Lernhaltungen

„People are all born with a love of learning, but the fixed mindset can undo it."[15]

DWECK geht davon aus, dass es eine angeborene Freude am Lernen gibt, die jedoch von einer festgefügten Lernhaltung zerstört werden kann. Setzen wir uns erfolgreiches Lernen zum Ziel, so müssen wir also danach fragen, wie die Lernenden über sich selbst und ihre Fähigkeiten und Leistungen

14 Vgl. SCHLEICHER 2019, S. 37–39 und OECD 2019c, S. 187–210.

15 DWECK 2016, S. 53.

denken. Die Forschung (z.B. DWECK, CLARKE[16]) zeigt, dass wir alle unterschiedlich denken und dass es zwei Lernhaltungen gibt, zwischen denen wir uns bewegen: eine Lernhaltung, die durch festgefügte Denkschemata geprägt ist *(fixed mindset)*, und eine, die entwicklungsorientiert auf das eigene Lernen schaut *(growth mindset)*. DWECK, CLARKE und BROCK/HUNDLEY[17] beschreiben die Unterschiede zwischen diesen beiden Haltungen anhand verschiedener Situationen.

	festgefügte Lernhaltung *(fixed mindset)*	**entwicklungsoffene Lernhaltung *(growth mindset)***
orientiert sich an	Intelligenz und Fähigkeit, Leistung, diese sind „gegeben"	Neugierde, Lernen, Anstrengung, Zeit; auf diese Weise werden Ziele erreichbar
Intelligenz ist	statisch; Glaube an Perfektionismus	entwicklungsfähig
Lob erwünscht	an die Person	für Anstrengung, Bemühung
Herausforderungen und Risiken werden	vermieden aus Angst vor Fehlschlägen	gern angenommen oder sogar gesucht
Ausdauer	fehlt	ist groß
Fehler sind	persönliche Mängel	temporäre Rückschritte
Bei Fehlschlägen wird	schnell aufgegeben	das Beste versucht, nicht aufgegeben
Anstrengung ist	sinnlos	wichtiger Weg zum Ziel
Üben wird	möglichst vermieden	begrüßt
Lernstrategien sind	unnötig	Quelle von Lernerfolgen
Fragen stellen wird	vermieden	häufig praktiziert
Reflexion	bedeutet ein strenges Urteil über sich und andere	sieht eigenen Lerneffekt; Hilfe von anderen und für andere
Fundiertes Feedback wird	ignoriert	gern angenommen zur Unterstützung des Lernens; wird erbeten
Benoten	ist ständig erwünscht	steht nicht an erster Stelle
Erfolg der anderen	ist bedrohlich, schafft Unsicherheit, Verletzlichkeit	kann inspirieren zu weiteren Anstrengungen

16 Vgl. DWECK 2016, insbesondere Kapitel 2 (S. 15–54), CLARKE 2014, S. 13–56, CLARKE 2008, S. 18–30.

17 Vgl. BROCK/HUNDLEY 2017, S. 9.

	festgefügte Lernhaltung ***(fixed mindset)***	**entwicklungsoffene Lernhaltung** ***(growth mindset)***
Lernprozesse sind	unwesentlich, nur das Ergebnis zählt	wesentlich auf dem Weg zu lebenslangem Lernen
= Schlussfolgerung	gibt schnell auf; strebt ggf. nicht einmal an, das Potenzial ganz auszuschöpfen	erreicht ggf. immer höhere Stufen beim Lernerfolg

Je mehr wir also die Intelligenz und diejenigen Fähigkeiten loben, die scheinbar „angeboren" oder durch gewisse positive Lebensumstände vorhanden und „unveränderlich" sind, umso weniger brauchen die Lernenden sich anzustrengen. Der *festgefügten Lernhaltung* nach hat ein „Genie" das gar nicht nötig, weswegen derartige Bemühungen unbeliebt sind. Sie könnten Fehler offenbaren und Rechtfertigungsmöglichkeiten rauben, sie „bedrohen" das Selbstvertrauen und könnten Intelligenz infrage stellen. Letztere muss daher ständig neu unter Beweis gestellt werden. Bei einer festgefügten Lernhaltung mobilisieren die Lernenden ihre Kräfte nur, um ihre Egos zu verteidigen.[18] Ausdauerndes Arbeiten fällt ihnen schwer. Lobende Worte der Lehrkraft oder gar gute Noten für „die Begabten" verfestigen diese Lernhaltung und zeigen den Schülerinnen und Schülern, die weder Lob noch gute Bewertung erhalten, außerdem deutlich, dass die Lehrkraft ohnehin nur diejenigen schätzt, die „immer alles können". Was hier zur Lernanstrengung ausgeführt wurde, gilt auch für Herausforderungen oder Risiken. Diese werden deshalb vermieden (s. a. Willingham.)

JA zu Neugierde, Anstrengungen, Herausforderungen, Risiken

Möchte die Lehrkraft hingegen eine *entwicklungsoffene Lernkultur* in der Klasse fördern, so sollte sie den einzelnen Lernenden für ihre Neugierde und ihre Anstrengungen bei der konkreten Lernaufgabe Wertschätzung entgegenbringen und sie ermutigen, weitere Herausforderungen zu suchen und Risiken einzugehen – auch wenn dies zeitaufwändig ist. Lernende, die eine solche Lernhaltung verinnerlichen, glauben, dass Menschen unterschiedlich sind und dass sie ihre Intelligenz steigern können. Sie haben den festen Willen, stetig daran zu arbeiten. Sie lieben es, Neues zu lernen; sie finden Herausforderungen spannend. Und sie gehen davon aus, dass auch ein schwaches Selbstvertrauen gestärkt werden kann, wenn sie dies ange-

18 Vgl. Dweck 2016, S. 43. Auf S. 58 zitiert sie einen Schüler mit dem Syndrom geringster Anstrengung: „In school my main goal is to do things as easily as possible so I don't have to work very hard."

hen. „Intelligenz" – wie Dweck es nennt – bedeutet für sie, auf diese Weise über sich selbst hinauszuwachsen.[19]

Die Einstellung der Lernenden zu Fehlern und Feedback bzw. Kritik ist bei der festgefügten Lernhaltung negativ. Fehler und Feedback werden als persönliche Fehlschläge, als Bedrohung angesehen, die man lieber unter den Tisch kehrt oder ignoriert. Deshalb lieben die Lernenden in diesem Szenario leichte Aufgaben, mit denen sie glänzen können, und schnelle Erfolge. Sobald sich Herausforderungen, anspruchsvolle Problemstellungen oder Hindernisse andeuten, geben sie schnell auf, da sie ja andernfalls Fehler machen könnten.

JA zu Fehlern

Die entwicklungsorientierte Lernhaltung hingegen betrachtet Fehler als temporäre Rückschritte, die Chancen bieten. Sie können durch ausreichende Fehleranalyse (indem man sich z. B. Regeln und Vermeidungsstrategien ins Gedächtnis ruft) bewältigt werden. Lernende mit einer solchen Haltung geben nicht auf. Sie glauben nicht, dass Fehler sie persönlich definieren. Sie laden andere sogar ein, zu ihrer Arbeit Feedback abzugeben. Dies kann sie zum Nachdenken motivieren und ggf. finden sie mithilfe dieser Unterstützung neue – vielleicht bessere – Lösungen. Darüber sind sie dankbar.

Schüler/-innen mit festgefügter Lernhaltung bearbeiten Aufgaben nur so lange, bis die erste Schwierigkeit auftaucht; bei dieser geben sie auf. Sie stellen keine Fragen, sie können auch gar keine formulieren; sie brauchen auch gar nicht zu üben, da sie ja „sowieso schon alles wissen". Notfalls sagen sie, sie hätten diesen Aspekt nicht verstanden. Sie wenden ineffektive oder gar keine Lernstrategien an, da sie deren Nutzen nicht einsehen.

JA zu Fragen, Übungen

Entwicklungsorientierte Lernende wiederum stellen oft zielgerichtete und anspruchsvolle Fragen an die Lehrkraft oder die Aufgabe; sie üben gern, um ihr Lernen gezielt zu verbessern. Sie probieren freudig verschiedene Lernstrategien aus, um festzustellen, welche für sie die ideale sein könnte und interessieren sich für die Erfahrungen anderer. Sie erlangen dadurch persönliche Zufriedenheit.

19 Als Dweck mit Lernenden über das Gehirn sprach, dass durch Übung und Anstrengung wächst, fragte sie ein Junge hoffnungsvoll: „You mean, I don't have to be dumb?" Vgl. Dweck 2015. Dieser Junge erkennt, dass er nicht dazu „verdammt" ist, unintelligent zu sein, sondern dass er im Gegenteil Einfluss auf seine Intelligenz hat.

Eine entwicklungsoffene Lernhaltung ist dann gegeben, so fasst PISA 2018 es zusammen, wenn eine Lernumgebung geschaffen wird, in der Lernende den Glauben an die Verwirklichung ihrer Potenziale entwickeln können, und wenn Lernende mit denjenigen Ressourcen und Fertigkeiten unterstützt werden, die sie benötigen, um ihre Lernziele zu erreichen. Außerdem ist es wichtig, sie zur Partizipation zu ermutigen. Sie sollten nicht ständig beurteilt werden. Lehrende sollten an das Potenzial aller Lernenden glauben, sie unterstützen und ihnen Feedback geben.[20]

Im folgenden Kapitel stelle ich nun alle diese Angebote vor, mit denen eine offenere Lernhaltung entwickelt werden kann. Alle dieser Angebote sind dialogischer Natur.

2.2.3 Methodische Tipps zur Entwicklung einer offenen Lernhaltung

JA zur Unterstützung offener Lernhaltungen

Viele Menschen haben ihr Leben lang eine festgefügte Lernhaltung *(fixed mindset)*, weil niemand mit ihnen gemeinsam versucht hat, diese kritisch zu beleuchten und eine entwicklungsoffenere Haltung *(growth mindset)* zu entwickeln. Auch diese Unterstützung gehört laut Lehrerstandards zu unserer Professionalität.[21] Übernimmt die Lehrkraft keine die Lernhaltung lenkende Rolle, dann müssen die Lernenden die Verantwortung für Misserfolge selbst tragen, auch wenn sie nicht die notwendige Unterstützung erhalten haben. Dies merkt auch PISA 2018 an.[22] WILIAM/LEAHY wiederum berichten von Studien, die zeigen, dass schon relativ kurze Unterrichtsreihen eine Veränderung der Einstellungen zur Intelligenz bewirken können.[23]

In der englischsprachigen Literatur gibt es viele Tipps zur Entwicklung einer offenen Lernhaltung: Einige davon habe ich für deutsche Schulen übertragen – sie sollen hier näher erklärt werden. Dabei werden auch die Vorschläge aus der PISA-Studie 2018 berücksichtigt.[24]

20 OECD 2019c, S. 200–201

21 Vgl. KULTUSMINISTERKONFERENZ 2004, S. 8 (Kompetenzen 2 und 3).

22 Vgl. OECD 2019c, S. 201.

23 Vgl. WILIAM/LEAHY 2015, S. 112–113.

24 Vgl. DWECK 2016, Kapitel 8; BROCK/HUNDELY 2017; WILIAM/LEAHY 2015, S. 111–113; CLARKE 2014[7], S. 16–56 und 2008, S. 18–31; SCHLEICHER 2019, S. 37.

Die folgenden Vorschläge für Metagespräche über Lernhaltungen:
- sind fachübergreifend und für alle Fächer gleich wichtig.
- sind idealerweise im Schulprofil verankert.
- liegen in der professionellen Verantwortung aller Lehrenden.
- können in Klassenstunden oder an Methodentagen umgesetzt werden (nach meiner Erfahrung eher nicht ratsam, weil sich dadurch der Eindruck des Separaten verfestigt); sind aber besonders wirkungsvoll, wenn sie in den jeweiligen Fachunterricht integriert werden.
- werden von allen Unterrichtenden wie bei folgenden Aktivitäten in einzelnen Elementen angesprochen (*Backwash*-Effekt).

Vorschläge für Metagespräche
- Sinnvoll ist eine *Diskussion* über den Begriff der Intelligenz („Was ist Intelligenz?"). Das zentrale Hindernis einer offenen Lernhaltung ist nämlich die Überzeugung, die Intelligenz eines Menschen wäre beschränkt. Ggf. kann auch die Aussage „Alles ist schwer, bevor es leicht wird" diskutiert werden.[25]
- *Diskussion* über die Frage „Stell Dir vor, Du bekommst eine 1 oder eine 6. Wie sind diese Noten entstanden?" Angesprochen wird dabei, inwiefern persönliche Erfolge und Fehlschläge mit „inneren" Faktoren wie Intelligenz oder Anstrengung oder mit äußeren wie der Meinung der Lehrkraft oder mit Glück zusammenhängen beziehungsweise ob sie von festgelegten oder persönlich beeinflussbaren Faktoren abhängig sind. – Welche Ziele verfolgen die Haltungen? Was bedeutet das für das Lernen?[26]
- *Protokoll* von Erfolgen, die durch Anstrengung erreicht wurden[27]: Hier geht es um persönliche Erfahrungen, die dann mit anderen im Gespräch geteilt werden. In der *Diskussion* werden verschiedene Arten von Fähigkeiten angesprochen wie „akademische Leistung, Geld verdienen, im Leben weiterkommen, Fachkompetenz, Umgang mit anderen", also auch Kompetenzen, die keine akademischen sind. Auch diese können entwickelt werden.[28]
- *Reflexion und Gespräch:* Lernende denken an eine/einen ihrer „Heldinnen und Helden". Sie notieren mögliche Anstrengungen, die sie oder er

25 Clarke 2016[7], S. 16.
26 Vgl. Wiliam/Leahy 2015, S. 111ff.
27 Vgl. ebd., S. 113.
28 Vgl. OECD 2019c, S. 204ff.

unternommen hat. Diese werden mit der Lerngruppe geteilt, und eine Übertragung auf die eigene Person wird versucht.[29]

- *Neurowissenschaften:* Gemeinsam entdecken die Lernenden die Potenziale des menschlichen Gehirns, die beim Lernen entwickelt werden, z. B. durch Lektüre eines Artikels zu diesem Thema und anschließende Diskussion über die individuellen Konsequenzen.[30] Eine Aktivität dazu: Lernende schreiben bzw. tun etwas anderes mit der nicht dominanten Hand. Sie vergleichen und diskutieren dann, was bei häufigem Gebrauch der entsprechenden Hand passieren könnte.[31]

  Aus der Praxis: *Mich hat die Zeichen-Aktivität im Lehrerworkshop[32] besonders fasziniert: Die Aufforderung, mit der sonst nicht verwendeten Hand zu zeichnen, rief bei vielen Kolleginnen und Kollegen sehr aufgeregte Reaktionen hervor – Indiz für die festgefügte Haltung. Dies ist ein guter Ausgangspunkt für effektive Gespräche über Lernhaltungen im Kollegium.*
- *Befragungen*

  Beispiel: *Zwei Befragungen, die ich mithilfe der Literatur bzw. selbstständig entwickelt habe. Sie können sie für Ihre jeweilige Lerngruppe anpassen und nach Durchführung im Klassengespräch auswerten.*

Befragung für Schüler/-innen der Klassen 5/6

Kreuze bitte die Antworten an, die auf Dich zutreffen. Es können auch mehrere sein:

Deine Lehrerin / Dein Lehrer gibt Dir in Mathematik sehr schwere Aufgaben.

☐ **a** Ich versuche es gar nicht erst.
☐ **b** Ich bemühe mich, sie zu lösen.
☐ **c** Ich finde diese Lehrerin / diesen Lehrer gemein.

Im Sport findest Du es schwer, einen Ball zu werfen und zu fangen, aber Deine Freundin / Dein Freund kann es richtig gut.

☐ **a** Ich mache es nicht so gut und bewundere insgeheim meine Freundin / meinen Freund.
☐ **b** Ich werfe ihr/ihm vor Wut den Ball an den Kopf.
☐ **c** Ich bitte meine Freundin / meinen Freund, es mir zu zeigen und mit mir zu üben.

29 Vgl. Dweck 2016, S. 81.
30 Vgl. Schleicher 2019, S. 37.
31 Vgl. Brock/Hundley 2017, S. 46–48.
32 Vgl. Brock/Hundley 2018, S. 172f.

Du bist in der Fußball-AG und der Leiter sagt Dir, dass Du noch üben musst.

- ☐ **a** Ich trete wieder aus der AG aus, denn das brauche ich mir nicht sagen zu lassen.
- ☐ **b** Ich bitte den Leiter, es mir noch mal zu zeigen.
- ☐ **c** Ich bitte einen Mitschüler, mit mir zu üben.

Im Kunstunterricht malst Du ein Bild, aber Du glaubst, Du kannst nicht malen.

- ☐ **a** Ich zerreiße das Bild nach der Stunde.
- ☐ **b** Ich lasse es mir von jemandem malen, der besser malen kann.
- ☐ **c** Ich bitte jemanden, mir zu sagen/zeigen, an welchen Stellen ich es anders malen könnte, damit es so wird, wie wir es besprochen haben.

Du hast in Deiner Grundschule noch nicht so viel Englisch gelernt wie einige andere in Deiner Klasse. Du sagst Dir:

- ☐ **a** „Die Grundschullehrerin ist schuld, dass ich jetzt eine schlechte Note bekomme."
- ☐ **b** „Dann muss ich eben am Anfang mehr zu Hause lernen, um das aufzuholen."
- ☐ **c** „Ich könnte mit meiner Freundin zusammen lernen, die schon mehr Englisch kann."

Deine Mutter sagt dir, dass ihr in eine andere Stadt ziehen werdet.

- ☐ **a** Du rennst weinend in Dein Zimmer.
- ☐ **b** Du freust Dich auf neue Freundinnen und Freunde und Lehrerinnen und Lehrer.
- ☐ **c** Du sagst: „Ich bleibe aber hier wohnen."[33]

Befragung für Schüler/-innen von Klasse 7 bis 10[34]

Bitte lies die Sätze genau, denke ein bisschen darüber nach und kreuze die Aussagen an, denen Du zustimmst.

- ☐ **1.** Ich kann meine Intelligenz nicht verändern. Du hast sie, oder Du hast sie nicht.
- ☐ **2.** Jeder kann durch Anstrengungen besser werden.
- ☐ **3.** Lernen ist für mich ein wichtiger Grund, in die Schule zu gehen.
- ☐ **4.** Ich lerne in der Schule, weil es mich interessiert.
- ☐ **5.** Gutes Lernen hängt von mir ab.

33 Vgl. Clarke 2016⁷, S. 27.

34 Zu den Denkhaltungen gibt es schon fertige Befragungen, z. B. die 10 Aussagen von Brock/Hundley 2017, S. 8. Sie umfassen aber m. E. nicht alle

☐ **6.** Es ist wichtig, dass ich an meine Möglichkeiten glaube.
☐ **7.** Egal wieviel Talent ich habe, ich kann es durch meine Bemühungen vergrößern.
☐ **8.** Am besten gefällt mir eine Aufgabe, wenn ich dabei denken muss.
☐ **9.** Ich bekomme eine gute Note, wenn ich an dem Tag Glück habe.
☐ **10.** Ich bekomme eine schlechte Note, weil der Lehrer / die Lehrerin mich nicht mag.
☐ **11.** Eine schlechte Note für eine Arbeit heißt nicht, dass ich schlecht bin.
☐ **12.** Ich lerne gerne in der Schule, auch wenn ich Fehler mache.
☐ **13.** Fehler sind wichtig, um neue Dinge zu lernen.
☐ **14.** Ich vermeide Situationen, in denen ich Fehler machen könnte.
☐ **15.** Ich gebe einfach auf, wenn ich nicht mehr weiterkomme.
☐ **16.** Meine Fehler machen mich traurig, denn sie zeigen, dass ich unfähig bin.
☐ **17.** Ich würde mich besser fühlen, wenn ich alle Fragen beantworten könnte.
☐ **18.** Mir ist sehr wichtig, dass ich vor den anderen nicht dumm wirke.
☐ **19.** Ich möchte besser sein als andere in meiner Klasse.
☐ **20.** Ich arbeite immer mit meinen Strategien, auch wenn ich dadurch Fehler mache.

Auch ein *bipolarer Fragebogen* eignet sich als Ausgangspunkt für Gespräche. Auf diesem könnten – in Erweiterung der obigen Befragung – zwei gegensätzliche Statements stehen, zwischen denen sich die Lernenden auf einer Skala positionieren wie in 2.2. (Beispiel: „Meine Leistung und mein Lernerfolg hängen von mir ab." – „Meine Leistungen und mein Lernerfolg hängen von meiner Lehrkraft ab.") Es können alternativ einzelne Themen daraus diskutiert werden wie „Einstellungen zu Leistung und Lernerfolg; Feedback erhalten; persönliche Ziele setzen; Engagement; Vertrauen in eigene Leistungen; Motivation durch Erfolge; Herausforderungen und Risiken; Misserfolge; Anstrengungen und Bemühungen; Zeitplanung; Aufgabenerfüllung; warum lerne ich; Orientierung an meinen Fortschritten – an anderen; Veränderbarkeit von Leistungen und Erfolgen; externe Kontrolle; Selbsteinschätzung – Lehrereinschätzung – Partnereinschätzung; Vergleiche mit anderen; Lob und Tadel; Rahmenbedingungen des Lernens; Konzentration und Ablenkungen; Veränderbarkeit von Leistungen".

---

wichtigen Themen, die reflektiert werden sollten, deshalb habe ich die Aussagen selbst formuliert.

- *Auslöser* für festgefügte Lernhaltungen suchen[35]: Sehr wirkungsvoll ist es, wenn die Lehrkraft über eigene Schwierigkeiten berichtet und (ggf. mit den Lernenden) Auslöser sucht, die ihr auf ihrem Weg zu einer offeneren Haltung begegnen. In der nächsten Phase ordnen die Lernenden Situationskarten der festgefügten oder der lernoffenen Haltung zu. Sie denken über Auslöser für festgefügte Haltungen bei sich selbst nach und erarbeiten Strategien zur Bewältigung. Dies wird besprochen; der Schwerpunkt liegt auf den Themen „Herausforderungen, Fehler, Anstrengung".
- Lernende unternehmen eine *Metareflektion ihrer Haltungen,* z. B. zu folgenden Fragen[36] (ggf. zunächst im geschützten Partnergespräch): „Was machst du, wenn du etwas nicht verstehst? – Wie verbindest du neue Informationen mit bekannten? – Beschreibe dein Gefühl, wenn du etwas Neues lernst. – Bist du beim Lernen heute schon auf Herausforderungen gestoßen? Was hättest du heute besser machen können?" Die Antworten sollten mit folgenden Satzanfängen beginnen: „Ich fühle …; Ich lerne gut, wenn …; Ich merke …; Ich stelle mir vor …; Das erinnert mich an …; Ich verbinde das mit …"

  ***Aus der Praxis:** Ich habe mit meinen Schüler/-innen der 8. Klasse englische Partnerdialoge zu „Mein Lernen im Homeoffice in Corona-Zeiten" durchgeführt. Darin zeigten sich viele geschlossene Lernhaltungen. Wir haben die Gespräche mit Tipps der Schüler/-innen zum besseren Lernen durch eine offene Lernhaltung beendet. Dazu bedurfte es meiner Steuerung: So schlugen die Schüler/-innen verschiedene Adressaten vor, die sie bei Schwierigkeiten fragen könnten. Niemand jedoch kam auf die Idee, zu allererst selbst gut nachzudenken und Hilfsmittel und Lerntechniken zu nutzen …*
- Lernende unternehmen eine *Metaevaluation bisheriger Lernwege;* geschlossene und offene Lernhaltungen werden anhand solcher Lernwege besprochen.[37]
- *Ordnen* (für jüngere Lernende): Aussagen, die entweder auf eine geschlossene und oder eine offene Lernhaltung schließen lassen, werden von den Schüler/-innen geordnet und im Gespräch erklärt. In Zukunft erhält jede/r, der durch Worte oder Handlungen geschlossene Haltungen demonstriert, einen Hinweis.[38]
- *Zwei Stimmen:* Die Lernenden erhalten Beispiele von Selbstreflexionen in festgefügter Haltung, die sie mit ihren Partnern in eine offene Haltung

35 Vgl. Brock/Hundley 2017, S. 20.
36 Vgl. Brock/Hundley 2017, S. 64–69.
37 Vgl. ebd., S. 62.
38 Vgl. Morales/Bawtinheimer 2020.

umschreiben.[39] Diese „zwei Stimmen" werden dann in verschiedenen Arten von Gesprächen eingeübt.

- *Lobende Äußerungen* der Lehrkraft erfolgen, wenn die Lernenden durch Anstrengung und die Verwendung von (neuen) Strategien (Teil)Ziele erreicht haben (kein Lob aufgrund von guten Leistungen!). Hier z. B. einige Kommentare für die frühe Mittelstufe:[40] „Gut gemacht! Du schaffst immer besser, … – Du machst das sehr gut, weil Du viel Zeit dafür aufwendest! – Du machst es jetzt wirklich viel besser. Weißt Du noch, wie schwierig es in der letzten Woche war? – Du hast es immer wieder probiert und schließlich geschafft – gut gemacht! – Siehst Du, Du hast diese Strategie angewendet und so ging es besser! – Versuch's einfach! – Mit ‚Kann ich nicht!' meinst Du bestimmt: ‚Kann ich NOCH nicht!'"

  Alle diese Lehrerkommentare vermitteln, dass *Lernen eine Entwicklung* ist, ein Prozess, nicht eine einmalige Tätigkeit, die ge- oder misslingt. Insofern wäre zu den deutschen Bildungsstandards kritisch anzumerken, dass die „Ich kann …"- Äußerungen zu den einzelnen Kompetenzen ein falsches Signal geben. Es sollte eher heißen: „Ich lerne zu …" oder „Ich fange an zu …" „Ich-kann"-Statements sollten sich auf kurzschrittige Lernerfolge, z. B. nach einer Stunde, beschränken, die erlernte Fähigkeiten unmittelbar darstellen.[41]

  JA zum Lob für Anstrengungen

  Zum Lob: Völlig kontraproduktiv und die festgefügte Lernhaltung weiter verfestigend sind Aussagen, die sich auf die Person beziehen.[42] Wenn die Lehrkraft lobt und Anstrengungen belohnt, so muss dies immer im Bezug zu wirklichen Verbesserungen stehen, die daraus entstanden sind.[43] Ein Lob sollte immer mit dem Ausblick auf künftige Lernhandlungen verbunden sein, z. B.: „Nun hast du das geschafft, was wirst du beim nächsten Mal versuchen? – Welche Fertigkeiten hast du dabei angewendet?"[44]
- Zum Ende einer Woche kann die Lehrkraft mit einem *exit ticket* die offene Lernhaltung unterstützen, indem sie die Schüler/-innen Notizen machen lässt: „Was war schwer für dich? Was hast du getan, um diese Schwierigkeiten anzugehen? Was wirst du nächstes Mal tun, wenn du dieselben Schwierigkeiten hast?"

---

39 Vgl. Brock/Hundley 2018, S. 59–62.

40 Vgl. Clarke 2014⁷, S. 22.

41 Vgl. Larsen-Freeman et al. 2021, S. 11.

42 Brock/Hundley unterscheiden zwischen „person praise / process praise". Vgl. Brock/Hundley 2017, S. 75.

43 Vgl. OECD 2019c, S. 201, Brock/Hundley 2017, S. 11, 24.

44 Morales/Bawtinheimer 2020, ebenso beim nächsten Punkt.

- Schwächere Lernende sollten *nicht einfachere oder nach Niveaus gestufte Aufgaben* bekommen, da dies als Zeichen für mangelnde Kompetenz interpretiert werden bzw. stigmatisierend wirken könnte.[45] Lehrende sollten allen Lernenden dieselben Aufgaben geben und durch gezielte Unterstützungsmaßnahmen jedem die Chance bieten, auch hohe Ziele zu erreichen.
- *Bücher, Videos, Lieder, Gedichte* zur lernoffenen Geisteshaltung können mit den Lernenden besprochen werden.[46]
- In den unteren Klassen: Die Lehrkraft verfasst zu Schuljahresbeginn einen *Brief an die Lernenden* und drückt darin die Vorfreude aus, sie auf ihrer Reise zu begleiten. Dabei werden die Elemente der entwicklungsoffenen Lernhaltung in Worte gefasst.[47]
- In den unteren Klassen: Anfertigen von *Postern* „Was tun erfolgreich lernende Schüler/-innen?" Mögliche Aufschriften könnten sein[48]: „Konzentriere Dich! / Gib nicht auf! / Arbeite mit anderen zusammen! / Sei neugierig! / Versuch's einfach! / Nutze Deine Kreativität! / Versuche, Dich weiter zu verbessen! / Hab Spaß am Lernen!" Diese Aufforderungen könnten auch noch näher ausgeführt werden[49], z.B. beim ersten Punkt: „Lass dich durch Störungen nicht ablenken! Beachte immer die Aufgabenstellung! Mach nur eine Sache zu einer Zeit! Mache aus einer großen Aufgabe mehrere kleine! Plane und denke alles gut durch! Male Diagramme! Notiere Gedanken oder Dinge, die Dir beim Denken helfen!"
  Man kann auch gemeinsam „*Erste-Hilfe-Lernposter*" für Situationen anfertigen, in denen Lernende nicht weiterkommen. Mögliche Aufschriften könnten sein:[50] „Mach Dir keine Sorgen! Gib nicht auf! – Versuch es einfach. Hab Vertrauen zu Dir selbst. – Frag eine Freundin / einen Freund. Vielleicht kann sie/er es Dir noch besser erklären. – Schau Dir doch mal ein anderes Beispiel an! – Denk noch mal ganz in Ruhe darüber nach. Geh noch einmal zurück. Schau Dir die Lernaufgaben und die Erfolgskri-

45 Vgl. OECD 2019c, S. 200. Man überdenke die Differenzierungsangebote in einigen Lehrbüchern!

46 Vgl. Brock/Hundley 2017, S. 26–28. Ein reichhaltiges Angebot findet sich auch auf Youtube, noch selten auf Deutsch (Video *Wachstumsdenken*; Zeitschriftenartikel von Alps), reichhaltige Sammlungen für Kinder in einfachem Englisch *(Class Dojo's growth mindset, Growth mindset)*, s. Webliographie.

47 Clarke 2014[7], S. 24.

48 Ebd., S. 34.

49 Ebd.

50 Vgl. Clarke 2016[7], S. 26–27.

terien noch mal an. Sie helfen Dir zu verstehen, worauf Du hinaus möchtest. – Benutze Hilfsmittel! Gibt es Hilfsmittel an Deinem Arbeitsplatz (z. B. Markierstifte) oder im Klassenraum (z. B. Nachschlagewerke, Internet)? – Wenn das alles nicht hilft: Frage Deine Lehrerin / Deinen Lehrer."

- Hilfesuchen *in oberen Klassen:* Im Klassengespräch wird eine Liste mit möglichen Reaktionen und Hilfsmaßnahmen erstellt, die bei Schwierigkeiten in Frage kämen. Die Lehrkraft kann auch im Vorfeld eine Liste erstellen. Diese könnte z. B. so aussehen:
  - Ich recherchiere gezielt im Internet.
  - Ich frage meine Lehrkraft.
  - Ich weine und werfe alles hin.
  - Ich frage meinen Mitschüler/meine Mitschülerin.
  - Mein bester Freund/meine beste Freundin weiß immer alles.
  - Ich brauche mich gar nicht anzustrengen, schaffe ich sowieso nicht.
  - Ich frage meine Eltern.
  - Ich gucke im Lehrbuch nach.
  - Ich denke an das, was ich darüber schon weiß, und versuche, selbst Lösungen zu finden.
  - Ich lese mir die Aufgabe noch einmal genau durch.

  Man kann hier sehr gut die Methode des *Murmelgesprächs* anwenden: Zunächst in Einzelarbeit, dann in Partnergruppen werden diese Aussagen priorisiert. Hier ergibt sich schon ein lebhaftes Gespräch, denn die beiden Partner/-innen müssen sich auf eine Priorisierung einigen. Dieses Gespräch kann durch Vergrößerung der Gruppen noch intensiviert werden kann. Zwei Gruppen können ihre Priorisierungen vergleichen. Schließlich können die Ergebnisse in der Großgruppe vorgestellt werden.
- *Ermutigende Aussagen* zur offenen Lernhaltung können im Klassenraum angebracht oder zu Stundenbeginn kommuniziert werden.[51]

JA zum Vorleben des Lernens

- Die Lehrkraft selbst kann die Lernenden durch *Vorleben* und *Modellieren* nachhaltig ermutigen, eine entwicklungsoffenere Lernhaltung anzunehmen. Ihr Beispiel, ihr starkes Rollenmodell kann die Lernenden darin bekräftigen.[52] Die Lehrkraft zeigt bzw. erzählt, dass sie lernt, wie sie lernt, welche Erfolge und Fehlschläge sie dabei erfährt, auch im Unterricht.[53] Dabei wird deutlich, dass sie ihren Fokus auf persönliche Lernprozesse (nicht Lernresultate) legt, sich für Herausforderungen begeistert, sich anstrengt, Fehler als Chance akzeptiert, Lernstrategien zuhilfenimmt.

51 Vgl. Morales/Bawtinheimer 2020.

52 Vgl. Brock/Hundley 2017, S. 26.

53 Vgl. ebd., S. 103.

Aus der Praxis: *In meiner sehr großen und problematischen 7. Klasse hat sich das angespannte Unterrichtsklima schlagartig entspannt, als ich nach vier Wochen einen Versuch machte, alle Namen zu sagen und dabei leider kläglich scheiterte. Die Schüler/-innen haben gesehen, dass auch ich lerne … Meine Fortschritte verfolgen sie nun begeistert mit.*

Nach BROCK/HUNDLEY verinnerlichen die Lernenden ein solches *authentisches Modellieren offener Lernhaltung* leichter.[54] Auch sollte die Schulleitung entsprechend vorgehen, um eine ergebnisoffene Lernhaltung in der Schülerschaft zu begünstigen, beispielsweise durch regelmäßige Treffen mit Schüler- und Elternvertretern, bei denen eine Reflexion über gelungene und noch optimierbare Schulaktivitäten stattfindet.

- *Anstrengungen* sollten im Schulprogramm *wertgeschätzt* werden: Für die aktive Förderung lernoffener Haltungen in der gesamten Schule geben BROCK/HUNDLEY viele hilfreiche Vorschläge.[55]

  Als warnendes Gegenbeispiel für die Verfestigung einer geschlossenen „Schulhaltung" stelle man sich folgenden Supergau vor: Am Ende eines jeden Schuljahres werden die Klassenbesten für ihr gutes Zeugnis in der Aula geehrt. Natürlich stehen dort immer die gleichen Schüler/-innen. Und natürlich gibt diese Bestenehrung das fatale Signal an alle, dass Intelligenz, Fähigkeit, Talent diesen Glücklichen „vorbehalten" sind, für die große Masse der Lernenden aber unerreichbar bleiben.

  Ein schwacher Schüler, der sich sehr angestrengt hat und dadurch in seinem Rahmen ein bisschen besser geworden ist, erhält keine Beachtung. Ihm wird auf diese Weise vermittelt, dass er sich gar nicht mehr anzustrengen braucht, weil er an die hohen Standards der geehrten intelligenten Mitlernenden nie herankommen wird. Warum nicht Anstrengungen ehren? Diesen Gedanken bekräftigen auch die Ergebnisse meiner selbst vorgenommenen Umfragen: Die Aussage „Ehrungen sollten auch nach Anstrengungen, Bemühungen und Fleiß gehen" bejahten in Klasse 7 95 Prozent, in Klasse 8 67 Prozent und in Klasse 10 83 Prozent der Schüler/-innen.[56]

---

54 Vgl. BROCK/HUNDLEY 2017, S. 26

55 Vgl. BROCK/HUNDLEY 2018, S. 169–179 (z. B. Ermutigung der Lehrkräfte und Lernenden, Herausforderungen zu begegnen).

56 Weniger eindeutig antworten meine Schüler/-innen auf die Aussage, dass ihre eigenen Bemühungen, aus Fehlern und Feedback zu lernen, honoriert werden sollten. Dies könnte daran liegen, dass der Gedanke, daraus zu lernen, ihnen noch zu fremd erscheint.

Ich wünsche mir Wertschätzung für Anstrengung und Bemühungen

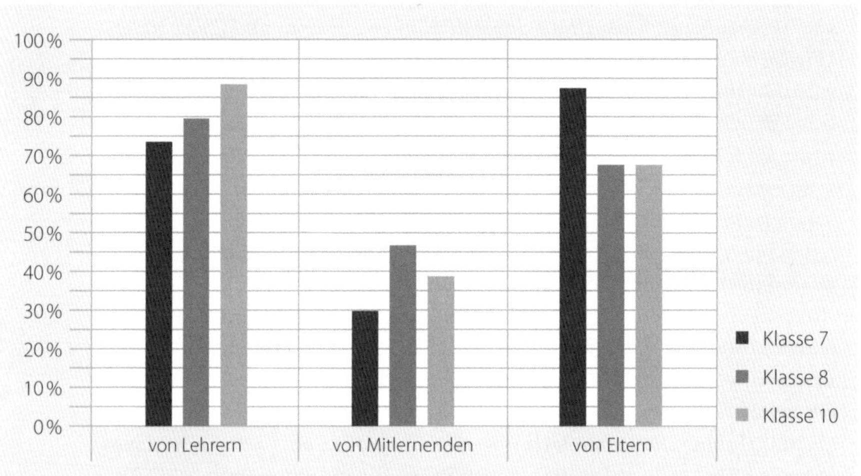

Abb. 2 Befragung von 43 Schülern der 7. Klassen, 15 Schüler der 8. Klassen, 18 Schülern der 10. Klassen

Die Befragungen zeigen ein sehr hohes, in höheren Lernjahren wachsendes Bedürfnis der Lernenden, von ihren Lehrkräften Wertschätzung für ihre Anstrengungen und Bemühungen zu erfahren. Besonders jüngere Lernende erwarten auch sehr viel Wertschätzung von ihren Eltern.

Dies sind selbst für mich als Lehrerin erstaunliche Ergebnisse, denn ich habe hier nicht nach Wertschätzung von Leistungen oder Noten gefragt, sondern nach Wertschätzungen für Anstrengungen und Bemühungen. Hätten Sie gedacht, dass Lernenden diese Wertschätzung so wichtig ist?

- Lernende *sammeln Botschaften* von Lehrkräften und Eltern über ihre Erfolge und Misserfolge.[57] Diese Botschaften können verbal und nonverbal sein; ihre Wirkungen werden gemeinsam analysiert und interpretiert. Das kann zu großen Überraschungen führen …
- *Lernen durch Lehren:* Lernende können Mitlernenden / ihren Eltern / anderen Lehrkräften die lernoffene Geisteshaltung erklären, ein Online-

57 Vgl. Dweck 2016, S. 177. In Kapitel 7 (S. 176–222) schreibt sie ausführlich darüber.

Seminar dazu entwerfen und präsentieren oder einen „sozialen Roboter" spielen, der diese Haltungen erklärt und demonstriert.[58]

***Aus der Praxis:** Während der Pandemie haben wir viel mit Erklärvideos gearbeitet: warum nicht auch solche Videos zu Lernhaltungen entwerfen lassen?*

- Schriftliche[59] oder mündliche *Aufklärung der Eltern* über die Ziele einer ergebnisoffenen Lernhaltung und der Übungsaktivitäten in der Klasse. Die Lernenden werden – wenn sie überzeugt sind – zu Hause ihr Bestes geben, um auch „festgefügte" Familienangehörige davon zu überzeugen.[60]
- *Modellieren: Einbeziehung aller Eltern.* Auch Letztere sollten ihre offene Geisteshaltung (die sie vielleicht erst entwickeln müssen) vorleben und eigene Anstrengungen und Misserfolge darstellen. Sie sollten ihrem Kind häufig Fragen zum Lernen stellen, wie etwa „Was hast Du heute gelernt? / Aus welchem Fehler hast Du etwas für Dich gelernt? / Worum hast Du Dich heute besonders bemüht? / Wie hast Du heute mit anderen zusammengearbeitet? / Wie könntest Du Deine Hausaufgaben interessanter gestalten?"[61] – Dweck beschreibt, wie das Kind seine festgefügte Haltung langsam und teils mit Widerwillen ändern kann, wenn sich das Wertesystem der Familie zum lernoffenen, an persönlichen Anstrengungen orientierten Denken hin ändert. – Hilfreiche Tipps für Aktivitäten und Formulierungshilfen für Gespräche zwischen Eltern und Kindern bzw. Lehrkraft und Eltern geben Brock/Hundley.[62]

JA zum häuslichen Gespräch über Lernen

Wir sehen deutlich, dass nicht nur alle Lehrkräfte und Mitlernenden einen Einfluss auf die ergebnisoffene Lernhaltung von Schülerinnen und Schülern haben, sondern auch die Schulleitung und die Eltern, s. a. PISA 2018[63]. Schleicher[64] hebt eine starke Lenkung durch Lehrkräfte und Schulleitung hervor, die zu gut überlegter, anhaltender Kommunikation mit den Eltern führen sollte. Nur so könne man die Eltern in die Bemühungen um lernoffene Haltungen effektiv und dauerhaft einbeziehen. Die PISA-Studie hat außerdem gezeigt, dass auch die Unterstützung der Eltern, die Motivation

Lehrkraft, Schulleitung, Eltern beeinflussen Lernhaltung

58 Vgl. Schleicher 2019, S. 37.
59 Vgl. Clarke 2014[7], S. 24.
60 Vgl. ebd., S. 23.
61 Vgl. Dweck 2016, S. 245.
62 Vgl. Brock/Hundley 2018, S. 144–167 (z. B. Ausdauer und Anstrengung wertschätzen, die zu Erfolgen führen, nicht „nur" die Erfolge an sich).
63 Vgl. OECD 2019c, S. 201.
64 Vgl. Schleicher 2019, S. 39.

der Lehrkräfte, das eigene Selbstwirksamkeitsempfinden und das Schulklima Faktoren sind, die mit der positiven Lernhaltung von Schüler/-innen korrelieren. Die Vermittlung von Rollenmodellen durch Eltern und Lehrkräfte ist ebenso wichtig wie Sicherheit und Zuwendung.[65]

Wie wesentlich die *Denkhaltungen* und folglich die *Handlungen der Erwachsenen* für die Lernenden sind, erklärt HATTIE treffend: Wir unterstützen zwar alle die offene Lernhaltung, aber unsere Handlungen demonstrieren oft die geschlossene. Auch Erwachsene müssen sich dieser Lernhaltung gegenüber öffnen, wenn sie sich weiterentwickeln möchten; wichtiger noch ist, dass sie dies für die Kinder und Jugendlichen und mit ihnen gemeinsam tun.[66]

Die ergebnisoffene Lernhaltung bildet also eines der wesentlichen Fundamente für gute Gespräche; ihre ständige Förderung und Unterstützung müsste ein gesamtgesellschaftliches Anliegen sein.

In der PISA-Studie 2018 und bei HATTIE[67] haben wir exemplarisch gesehen, wie stark das Lernen der Schüler/-innen durch die Überzeugungen und das Engagement ihrer Lehrkräfte bestimmt wird. Beides können wir als Lehrer/-innen selbst beeinflussen. Deshalb wird im folgenden Kapitel ein weiterer wesentlicher Baustein des guten Dialogs besprochen, nämlich die Einstellungen der Lehrkräfte.

2.3 Die Einstellungen der Lehrkräfte

IHRE ERFAHRUNGEN SIND WICHTIG
Welche Einstellungen von Lehrkräften erscheinen Ihnen wichtig für Gespräche beim und über das Lernen?

Meine Studierenden des Hauptseminars Fachdidaktik Englisch beschreiben Elemente, mit denen die Lehrkraft das Lernen unterstützen kann. Über guten Unterricht haben wir bereits in der Einleitung nachgedacht. Konzentrieren wir uns daher nun auf erwünschte persönliche und soziale Einstellungen von Lehrkräften (siehe Abbildung nächste Seite).

65 Vgl. OECD 2019b, S. 66 und 68 für alle; S. 202f. und 206 für Einwandererkinder.

66 Vgl. DEWITT P. 2015.

67 Vgl. HATTIE 2014, S. 24.

Welche Einstellungen der Lehrkräfte können das Lernen unterstützen?	
persönliche Einstellungen: positive Selbstsicht, Offenheit, Flexibilität, Freude am Beruf, Interesse für die Lernenden, Wertschätzung der Lernenden	**soziale Einstellungen:** gute Lehrer-Schüler-Beziehung

Abb. 3

Neben diesen „Wünschen" gibt es die Standards für die Lehrerbildung der KULTUSMINISTERKONFERENZ der Länder von 2004, die für uns verbindlich sind. Auch auf internationaler Ebene werden Positionspapiere zum Profil einer global agierenden Lehrkraft erstellt, so etwa von der Universität Oxford[68].

HATTIE selbst beschreibt in *Lernen sichtbar machen* (2014) ausführlich acht Geisteshaltungen von Lehrpersonen.[69] Auch diese Haltungen betreffen persönliche und soziale Einstellungen/Überzeugungen. Obwohl sie noch vor allen professionellen Steuerungsformen von Unterricht stehen und von extremer Wichtigkeit sind, werden sie in offiziellen Dokumenten selten angesprochen. Daher seien sie hier zusammengefasst.

Geisteshaltungen von Lehrkräften

Die Lehrperson

- evaluiert wirkungsorientiert ihr eigenes Lernen und das Lernen ihrer Schüler/-innen durch ihren Einfluss[70]. „Lernen mit den Augen der Schüler sehen", „Lehrpersonen werden zu Lernenden ihres eigenen Unterrichts", so lauten zentrale Gedanken;
- ist überzeugt, dass das Lernen der Schüler/-innen maßgeblich von ihren eigenen Handlungen abhängt und dass sie die Lernhaltung ihrer Schüler/-innen verändern kann;
- ist interessiert am Gespräch über das Lernen (nicht Lehren), um ebendas Lernen zu optimieren;
- betrachtet Beurteilungen von Schülerleistungen als Feedback zu ihrem Einfluss auf deren Lernen, weswegen sie Feedback zu ihrer eigenen Wirkung fordert;
- konzentriert sich auf den Dialog, nicht auf den Monolog;

68 Vgl. Oxford University Press 2019, S. 16 online.

69 Vgl. HATTIE 2014 (deutsche Übersetzung), S. 158–160, 183–190.

70 „Lernen" muss durch „Unterrichten" ergänzt werden, denn HATTIES zentraler Gedanke ist, dass Lehrende ihren Einfluss auf die Lernenden untersuchen: „My fundamental task is to evaluate the effect of my teaching on students' learning and achievement." Aus: *Hattie's 10 Mindframes for educators.* Dieser Gedanke ist bei HATTIE zentral. Auch die von ihm sogenannten Geisteshaltungen 2 und 4 behandeln dieses Thema.

- begrüßt Herausforderungen;
- ist überzeugt davon, dass sie in der Klasse vertrauensvolle Beziehungen entwickeln muss;
- informiert Lernende und Eltern über die Sprache des Lernens.[71]

Die in seiner Checkliste an erster Stelle genannte Haltung „inspiriertes und leidenschaftliches Unterrichten"[72] hält HATTIE wohl für so selbstverständlich, dass er sie bei den hier betrachteten acht Geisteshaltungen nicht mehr eigens aufführt. Dasselbe gilt vermutlich für die Dimensionen „Respekt, Vertrauen, Optimismus, Intentionalität"[73], für „Fairness, menschliche Größe", für zum Lernen einladendes nonverbales Verhalten[74] sowie für die Eigenschaften der schülerzentrierten Lehrperson: Sie verfügt über „Wärme, Vertrauen, Empathie, positive Beziehungen".[75] Darauf beziehen sich auch Umfragen: Laut GALLUP STUDENT POLL bejahen (nur) 39 Prozent der Lernenden, dass die Lehrenden sich für sie interessieren.[76]

HATTIE unterstreicht, dass es im Unterricht nicht um die Lehrerpersönlichkeit gehe, sondern um Kommunikation und Handeln.[77] Es sollte eine positive Lernumgebung geschaffen werden, die einen aufgeschlossenen, fairen und respektvollen Austausch fördert. Von der Lehrkraft ausgesendete nonverbale Informationen haben entscheidenden Einfluss auf das emotionale Klima und die Lehrer-Schüler-Beziehung.[78] Schüler/-innen achten auf die Körpersprache (z. B. Blickkontakt, Lächeln), die Tonlage und natürlich die Worte ihrer Lehrkraft.[79] Dies kann ihre Motivation zur Teilnahme am Gespräch beim und über das Lernen stark erhöhen.

---

71 Vgl. HATTIE 2014, S. 276. Übrigens listet HATTIE die Lehrer-Schüler-Beziehung auf Rang 12 von 150 auf seiner Liste der Einflüsse auf die Lernleistung (großer Einfluss).

72 Ebd., S. 211.

73 Ebd., S.158–159.

74 HATTIE 2015, S. 25.

75 HATTIE 2014, S. 159–160.

76 Vgl. GALLUP STUDENT POLL, Blog vom 22. 8. 2017 (online).

77 Vgl. HATTIE 2015, S. 25.

78 Vgl. ebd., S. 25–28. Vgl. auch Cowie 2005, S. 144: Untersuchungen mit 10-Jährigen haben ergeben, dass diese während der ersten Wochen die Einstellung der Lehrkraft zum Lernen, Erklären, Wiederholen und Üben einschätzen. Daraus entwickeln sie ihre Lernhaltung und -bereitschaft.

79 Vgl. CLARKE 2016[7], S. 23.

Clarke[80] fügt hinzu, dass unsere Einstellung für unsere Schülerinnen und Schüler grundlegend sei, und zwar nicht nur für ihr Lernen, sondern auch für das Heranwachsen ihrer Persönlichkeit. Insofern tragen wir noch größere Verantwortung.

Umfassende Verantwortung der Lehrkräfte

Das Bild, welches wir von uns vermitteln, durch unser Verhalten gegenüber den Schüler/-innen und durch unsere Haltung zum Unterricht, entscheidet mit über Lerneinstellungen sowie -motivationen. Tandler[81] etwa zitiert viele Untersuchungen, in denen die positive Einstellung von Lehrkräften (z.B. durch hohe Erwartungen an die Lernenden, viel hilfreiches Feedback, herausfordernde Lerngelegenheiten) auch die Leistungen der Lernenden erhöht.

Aus den nationalen und internationalen Standards, den in der Fachliteratur beschriebenen Geisteshaltungen und Empfehlungen lassen sich folgende wünschenswerte *Eigenschaften* von Lehrkräften im Unterricht zusammenstellen. (Es handelt sich hierbei nicht um ein Ranking, alle Punkte sind gleichwertig und eng miteinander verflochten.)

Wünschenswerte Eigenschaften von Lehrkräften

fachliche, überfachliche, methodische, digitale Kompetenzen, Beurteilungskompetenz; Qualitätskonzept

Freude am Lehrerberuf

Interesse am Erfolg aller Lernenden als Individuen

Motivation, Engagement, Mut

hohe Erwartungen; Herausforderungen werden gestellt, Lernende ermutigt

Bewusstsein, dass auch Unterricht als Teil des Lernens optimiert werden kann

Wertschätzung und Respekt, Fairness und Gleichberechtigung

Ermutigung zu und Begrüßen von hilfreichen Rückmeldungen

Vorleben einer lern- und entwicklungsoffenen Haltung

Empathie, sensible Wahrnehmung

Bewusstsein über die entscheidende Bedeutung der eigenen steuernden Rolle

Dialog

Bewusstsein der Notwendigkeit des eigenen lebenslangen Lernens

positive Einstellung und Erwartungen

Abb. 4

80 Vgl. Clarke 2014[7], S. 24.
81 Vgl. Tandler 2020.

Diese wünschenswerten Eigenschaften stehen aktuell im Fokus der Aufmerksamkeit: Viele Untersuchungen, wie etwa die Webinarreihe der Universität Cambridge im September 2020, aus der ich mehrfach zitiere, thematisieren sie als entscheidende Voraussetzungen, auf deren Basis wir gemeinsam mit den Lernenden die Lernerfahrungen in Corona-Zeiten in Gesprächen aufgreifen und daran wachsen können. Durch die obengenannten Eigenschaften können die Lehrkräfte in diesem Rahmen ihre emotionale, inhaltliche und methodische Unterstützung geben. Lehrkräfte können viele gute, im Netz zugängliche Selbstreflexionen hierzu durchführen, beispielsweise diejenige über gezielte Steuerung von Lerneraktivierung.[82]

Wollen Lehrkräfte ihre Schüler/-innen durch guten Dialog zum Lernen motivieren, so sollten folgende fachliche und fachübergreifende *Handlungsweisen* zum Einsatz kommen, die ebenfalls im Zusammenhang mit den obengenannten Eigenschaften stehen.

Lehrkräfte sollten:

- ständig zum Lernen mit offener Haltung anregen;
- alle Aktivitäten bei der Planung, Durchführung, Auswertung leiten;
- sich an Lernprozessen und Handlungen (nicht an Endergebnissen) orientieren;
- zur Partizipation aller Lernenden am Unterricht anleiten;
- zu selbstverantwortlichem Lernen anleiten und dabei unterstützen;
- Vorwissen einbeziehen;
- sich um Transparenz der Standards, Erfolgskriterien und Aufgabenstellungen bemühen;
- zu besserer Kommunikation und Kooperation anleiten (zuhören, fragen und Zeit zum Antworten lassen, sprechen, gemeinsam handeln);
- Aktivitäten in verschiedenen Sozialformen durchführen;
- Selbst- und Partnerfeedback unterstützen und lenken, neben dem Feedback der Lehrkraft und an die Lehrkraft;
- eine Klassenraumkultur der gegenseitigen Wertschätzung aufbauen; dazu gehört auch eine Feedbackkultur des Gebens und Nehmens;
- Informationen zum und über das Lernen sammeln, um dieses zu optimieren;
- eine positive Fehlerkultur aufbauen (Fehler als Lerngelegenheiten);
- vielfältige Lern-, Unterstützungs- und Übungsgelegenheiten, Hilfen, Beispiele, Modelle anbieten;

82 Vgl. Larsen-Freeman 2021, S. 27–28.

- den einzelnen Schüler/-innen durch differenzierte Fragen und Unterstützungsangebote begegnen;
- zu Gesprächen auch außerhalb des Unterrichts bereit sein;
- die Lernenden dabei unterstützen, eine Metareflektion über das Lernen umzusetzen;
- den Schwerpunkt auf realitätsbezogenes, lebenslanges Lernen legen.

Unsere Schüler/-innen haben Schwierigkeiten, ihre Gespräche beim und über das Lernen motiviert, offen und zielgerichtet zu führen. Mit unserer Persönlichkeit als Lehrkraft können wir sie dabei unterstützen: Wir tun dies beispielsweise durch unsere Empathie, mit ihnen auch in schwierigen Situationen wie der Pandemie in Gespräche zu treten, durch unsere Motivation, unsere Ideen zu teilen, durch unsere Unterrichtsführung, die dazu beitragen soll, dass sich alle interessiert und wertschätzend zuhören, Fragen stellen und diskutieren. Kurzum: In uns selbst liegt eine große Chance, die wir mit unseren Schüler/-innen für gute Gespräche nutzen dürfen.

2.4 Die Einstellungen der Schülerinnen und Schüler

IHRE ERFAHRUNGEN SIND WICHTIG
Welche Einstellungen von Lernenden können für Gespräche beim Lernen und über das Lernen hilfreich sein, welche eher hinderlich?

Dieses Thema wird in der Literatur ausführlich behandelt. Wir haben zudem bereits gelesen, dass die Lehrkraft wesentlichen Einfluss auf die Einstellungen ihrer Schüler/-innen hat und dazu beitragen kann, dass diese für den Dialog und das Lernen förderlich sind und bleiben. Daher lege ich den Fokus an dieser Stelle auf positive, veränderbare Einstellungen der Lernenden.

Wie können uns kurrikulare Vorgaben der Bundesländer bei diesem Thema helfen? Die angestrebten personalen und sozialen Kompetenzen von Lernenden wollen wir zunächst exemplarisch anhand des Hessischen Kerncurriculums Moderne Fremdsprachen Sekundarstufe I Gymnasium von 2018 betrachten.

Hier wird unterteilt wie folgt:

- *personale Kompetenz:* Einstellungen, Haltungen, Fähigkeiten zu selbstbestimmtem und eigenverantwortlichem Handeln wie realistische Selbstwahrnehmung, Bewusstsein für eigene Potenziale zur Entwicklung eines positiven Selbstkonzepts mit Selbstwertgefühl und Selbstvertrauen, Selbstregulierung, situationsangemessenem Verhalten, sachgerechter und konzentrierter Steuerung eigener Lern- und Arbeitsprozesse
- *Sozialkompetenz:* soziale Wahrnehmungsfähigkeit durch Empathie, Perspektivenübernahme, Erkennen der Bedeutung eigenen Handelns; Rücksichtnahme und Solidarität und Respekt der anderen und ihrer Einstellungen; Kooperation und Teamfähigkeit mit Aufbau tragfähiger Beziehungen und Respekt sozialer Regeln und produktiver Zusammenarbeit; Umgang mit Konflikten durch sachliches Engagement und konstruktive Lösungen; Übernahme gesellschaftlicher Verantwortung; Beitrag zur interkulturellen Verständigung
- (*Lern-, Medien- und Sprachkompetenz* seien hier nicht weiter erklärt, zu Lernkompetenzen s. Teil 3) [83]

Personale Kompetenzen als Ausgangspunkt

Ich lege hier den Fokus bewusst auf diese grundlegenden personalen Kompetenzen, da daraus andere, wie etwa soziale, methodische und lerntechnische Kompetenzen, erwachsen können. Lernende, die über ein positives Selbstkonzept verfügen, welches ihnen erlaubt, sich realistisch selbst wahrzunehmen und dadurch selbstbestimmt und eigenverantwortlich zu handeln, können dadurch auch andere wahrnehmen und sich im Dialog mit ihnen produktiv zum Lernen verhalten: Zum Beispiel können sie ihre erlernten methodischen Kompetenzen zum gemeinsamen Lernergebnis nutzen, Arbeitsprozesse planen und durchführen, dazu die Zuhilfenahme von Ressourcen gezielt unter sich aufteilen, Probleme diskutieren und lösen. Im Dialog miteinander üben sie schließlich auch, Rede- und Gesprächsstrategien einzusetzen.

Aus der Praxis: *Wenn Sie als Einstieg in Metagespräche über überfachliche Kompetenzen eine Befragung gestalten möchten, können Sie z.B. Ihre Schüler/-innen bitten, o.g. Kompetenzen durch persönliche Beispiele zu belegen. Bei jüngeren Schüler/-innen ist sicher der Erklärungsbedarf für die abstrakten Konzepte am größten. Es können Situationen angeboten und dann besprochen werden (z.B. zur Sozialkompetenz „Kooperation und Teamfähigkeit“:*

83 Vgl. Hessisches Kultusministerium (2018): *Bildungsstandards und Inhaltsfelder. Das neue Kerncurriculum für Hessen. Moderne Fremdsprachen,* S. 8–10 (identisch für andere Schulformen in Hessen).

Ein Schüler hält sich völlig aus einer Gruppenarbeit heraus. Was bedeutet das für sein Lernen, den Gedankenaustausch der anderen und ihr Gruppenergebnis? Welche Konsequenzen hat das für den Dialog?)
Bei älteren Schüler/-innen können Sie schriftliche Einzelbefragungen durchführen und dann im individuellen Lehrer-Schülergespräch einen Abgleich beider Versionen diskutieren, z. B. mit der folgenden Tabelle.

Meine persönlichen Kompetenzen	**sehr gut**	**mittelmäßig**	**müsste besser werden**
Ich bin bereit zu lernen/zu leisten.			
Ich habe Lust auf/Interesse an Neuem.			
Ich kann mein Lernen selbst organisieren.			
Ich kann mit Belastungen und Misserfolgen umgehen, gebe nicht schnell auf.			
Ich arbeite nach Qualitätsstandards.			
Ich bin sorgfältig und gewissenhaft.			
Ich kann mich gut konzentrieren.			
Ich bin kreativ und flexibel.			

Meine sozialen Kompetenzen	**sehr gut**	**mittelmäßig**	**müsste besser werden**
Ich arbeite gern mit anderen zusammen.			
Ich tausche mit meiner Gruppe Informationen und Erfahrungen aus.			
Ich bin zuverlässig.			
Ich gebe Feedback/mache Verbesserungsvorschläge.			
Ich kann Konflikte ertragen und mit anderen nach Lösungen suchen.			
Ich kann mit anderen kommunizieren und argumentieren.			
Ich kann mit Veränderungen und Herausforderungen umgehen.			
Ich kann mich selbst kritisch hinterfragen, Fehler einsehen und korrigieren.			

Meine sozialen Kompetenzen	sehr gut	mittelmäßig	müsste besser werden
Ich bin höflich und freundlich.			
Ich achte die Meinungen anderer.			

Abb. 5 Befragung zu persönlichen und sozialen Kompetenzen[84]

Um eine aktive Rolle als Subjekte ihres Lernens übernehmen zu können, benötigen Lernende neben den obengenannten Kompetenzen Mut, Offenheit, Neugierde und Flexibilität – genau wie die Lehrkraft. So können sie für sich und gemeinsam mit allen am Lernprozess Beteiligten gute Gespräche zu gutem Lernen führen.

Mit den beschriebenen Einstellungen von Lehrenden und Lernenden, die im ständigen Dialog miteinander weiter kultiviert werden, kann ein Klassenklima gestaltet werden, das guten Gesprächen entgegenkommt und das Lernen fördert.

2.5 Das Klassenklima

IHRE ERFAHRUNGEN SIND WICHTIG
Welche Charakteristika empfinden Sie als wichtig für ein gutes Klassenklima, das Gespräche fördert?

Das Klassenklima wird unter anderem durch Lernmotivatoren und Einstellungen von Lehrkräften und Lernenden geprägt. Letztere wiederum werden eng von personalen und sozialen Kompetenzen bestimmt, die es laut Bildungsstandards im Unterricht zu fördern gilt.

In der Fachliteratur findet das Klassenklima breite Beachtung: HELMKE, HATTIE und PISA 2018 seien hier exemplarisch angeführt.

HELMKE nennt das „lernförderliche Klima" als 3. Kriterium guten Unterrichts.[85] Ein solches Klima erwächst aus gegenseitigem Respekt, verlässlich eingehaltenen Regeln, gemeinsam geteilter Verantwortung, Gerechtigkeit der Lehrkraft gegenüber den einzelnen Lernenden und dem Lernverband insgesamt, Fürsorge der Lehrkraft für die Schüler/-innen und einem gedeihlichen Umgang der Schüler/-innen untereinander.

84 Vgl. *Was erwartet die Wirtschaft von den Schulabgängern?* IHK Nordrhein-Westfalen (Hrsg.), Version 2020.

85 HELMKE 2004, S. 47.

Bei HATTIE liegt die „Beeinflussung von Verhalten in der Klasse“, das heißt z. B. Interventionen für Arbeitsanweisungen, Lernmaterialien oder positive oder negative Verstärkungen, auf Rang 6 (d=.80); ihr wird demnach hohe Wirksamkeit zugeschrieben[86]. Auch die „Lehrer-Schüler-Beziehung“ auf Rang 11 (d=.72) gehört zum Verhalten in der Klasse. BRIERTON[87] nennt *Beziehungen* die Basis für eine seelische Erholung von den schweren Zeiten während der Corona-Pandemie. In dieser globalen Situation reicht das Lernklima über das Klassenklima hinaus. Die Lehrkraft (für das Lernklima im Klassenraum) und die Schulleitung (für das Schulklima) haben die wichtige Aufgabe und Chance, die Gemeinschaft wieder aufzubauen und den Schüler/-innen zu demonstrieren, dass alle dazugehören. Dies sollte durch *viel Kommunikation untereinander* geschehen, z. B. durch Sprechen über „Wir“-Erfahrungen, idealerweise sogar auch durch Selbstöffnung der Lehrkraft und Berichte über eigene Erfahrungen: Es stärkt auch die offene Lernhaltung. *Insbesondere die Lehrkraft kann ein Klima schaffen, in welchem Erfahrungen der Pandemie durch vertrauensvolle Gespräche ausgetauscht werden,* sie kann Lernende emotional und im Lernen stärken, und sie kann eine Geisteshaltung des Wachsens aus den teils von Traumata behafteten Selbstbildern durch Gespräche begünstigen („Was hast du über dich gelernt? Bist du überrascht, wie gut du klargekommen bist? Was kannst du kontrollieren? Welche Wahlmöglichkeiten hast du?“).

Ergänzend können wir hier folgende Punkte aus HATTIES 7. Geisteshaltung von Lehrpersonen und Schulleitenden nennen: „ein warmes, vertrauensvolles, empathisches Klima; fehlerhafte Vorstellungen, Missverständnisse, Wissensmängel erkennen; Fehler als Chance begrüßen, nicht verurteilen; Fairness; Lernen begrüßen und darüber sprechen; Gespräche über Unterrichten und Einfluss auf Lernende auch im Lehrerzimmer“[88] Hieran sehen wir, dass das Klassenklima eng mit dem *Schulklima* zusammenhängt, d. h. mit der Gestaltung durch die *Schulleitung* und das *Kollegium.*

Dasselbe gilt für die 8. Geisteshaltung: HATTIE fordert, dass *Lehrpersonen und Schulleitende die Eltern über die „Sprache des Lernens“ informieren* bzw. sie damit vertraut machen sollten. Er bietet folgende Impulse für Gespräche an:

- *Wie* kann man über Lernen und Schule sprechen?
- *Wie* kann man Lernenden beim Lernen helfen?

---

86 HATTIE 2013, S. 433–435 (für alle Rangfolgen).

87 Vgl. BRIERTON 2020.

88 HATTIE 2014, S. 189–190.

- *Wie* sollte man mit Lehrenden und Schulleitenden sprechen?
- *Wie* kann man üben und sich konzentrieren?
- *Welches* sind die Lernintentionen und Erfolgskriterien?
- *Wie* kann Schule wertgeschätzt, gefördert, unterstützt werden?
- *Welche* Herausforderungen können zu Hause angeboten werden?[89]

HATTIE nennt diese Vorgehensweise *„Ko-Lernen"* und kommt zum Schluss, dass Eltern durch diese Vertrautheit mit der Sprache des Lernens eher in der Lage seien, sich mit ihren Kindern dialogisch zu verständigen, was dann wiederum zu besserem Lernen führe.

Rollen der Lehrkräfte und Eltern beim Lernen

PISA 2018 beschreibt, dass Lernende durch aktive Teilnahme an formativen Lernprozessen ohne ständige Benotung ihre Potenziale besser ausschöpfen können. Zu diesem Zweck sollten sie Unterstützung und Feedback erhalten.[90] Interessant ist, dass auch hier sowohl von den Lehrkräften und als auch von den *Eltern* gesprochen wird: *Gemeinsam* sollten sie ein angemessenes Lernklima schaffen. Wie dies umgesetzt werden kann, wäre Stoff für weitere Gespräche und Forschung. HATTIES obengenannte Frageimpulse sind hierbei ein guter Ansatzpunkt.

Kehren wir jedoch zur Mikroebene der Klasse zurück, dem Fokus dieses Buches über Gespräche: Häufig wird gemeinsam besprochen, wie ein gutes Lernklima aussehen sollte. Zum Erreichen dieses Ziels werden dann gemeinsam Klassenregeln formuliert.

Aus der Praxis: *Die Schüler/-innen evaluieren in bestimmten Zeiträumen die Umsetzung der Klassenregeln in einer anonymen Befragung. Die Ergebnisse dienen als Grundlage für Gespräche in Kleingruppen und im Plenum. Diese Reflexionen sind gezielter als allgemeine Betrachtungen zum Klassenklima.*

In Pandemiezeiten können wir kaum von Klassenklima sprechen; deshalb müssen wir viele der hier beschriebenen Gespräche flexibel zunächst auf die individuellen Ebenen des Austauschs zurückverlagern. Der Wiederaufbau eines guten Klassenklimas, der maßgeblich durch Lernmotivatoren, Einstellungen aller Beteiligten, deren überfachliche Kompetenzen und daraus folgende lernförderliche Gespräche bestimmt ist, wird schwierig werden. Wichtig dabei ist auch, dass wir beim Kommunizieren die Botschaften der anderen *wahrnehmen, verstehen und darauf reagieren.* Diesen Aspekt werden wir nun im Folgenden betrachten.

89 Vgl. HATTIE 2014, S. 189–190.
90 Vgl. OECD 2019c, S. 201.

2.6 Effektiv wahrnehmen, verstehen und reagieren

> **IHRE ERFAHRUNGEN SIND WICHTIG**
> Für wie wichtig halten Sie die obengenannten Punke in Bezug auf gute Gespräche?
> Nehmen Ihre Schüler/-innen Sie und einander genügend wahr?
> Verstehen Ihre Schüler/-innen Sie und einander? Verstehen sie die Aufgaben?
> Stellen Sie in der Klasse eine Tendenz beim Wahrnehmen, Verstehen und Reagieren fest?

„Zuhören ist die am meisten unterschätzte Handlung.“[91]

Wahrnehmen, Verstehen und Reagieren sind weitere Meilensteine auf dem Weg hin zu guten Beziehungen und guten Gesprächen. Alle drei Punkte betreffen Lernende und Lehrende in gleichem Maße. BRIERTON wendet diese Erkenntnis auf die Kommunikation über Erfahrungen in Pandemiezeiten an, wodurch ebenfalls Wachstum ermöglicht wird.

Wir alle machen tagtäglich dieselbe Erfahrung: Gesagtes und Gelesenes (überhaupt) wahrzunehmen, zu verstehen und das auf diese Weise Aufgenommene dann auch noch zum Lernen zu nutzen, fällt unseren Schüler/-innen zunehmend schwer. Oftmals suchen sie jedoch mit niemandem das Gespräch darüber; vielleicht weil es ihnen nicht wirklich bewusst ist oder aber es peinlich sein könnte, sich zu offenbaren. Die Konsequenzen einer solchen Entwicklung sind vorprogrammiert …

Hier konzentriere ich mich auf das Wahrnehmen, Verstehen und Reagieren als alltägliche, zu Gesprächen führende Handlungen von uns Lehrkräften. In der englischsprachigen Fachliteratur gibt es einen ganzen Forschungszweig zu „noticing“. Damit ist unsere Wahrnehmung von Äußerungen der Schüler/-innen gemeint, Äußerungen, die verbal oder nonverbal erfolgen können. In jedem Fall laden sie uns zum unverzüglichen Reagieren ein.[92] Und auf welche Weise wir darauf reagieren, zeigt den Lernenden wiederum, was wir für wichtig halten (s. o. *Backwash*-Effekt)[93]. Durch unsere Reaktion können Lernen und Motivation gefördert oder – bei ausbleibender oder für Lernende unangemessener Reaktion – behindert werden (s. Kapitel zu Lernmotivatoren).

---

91 BRIERTON 2020.

92 Vgl. COWIE et al. 2018, S. 464.

93 Vgl. ebd., S. 465ff. (auch das Beispiel, hier verallgemeinert übernommen).

Aus der Praxis: *Ich plane Impulse, aus denen ich in der Folge erkennen kann, was meine Lernenden denken und wissen. Darauf möchte ich aufbauen. Plötzlich äußert jemand etwas, das völlig neben meiner Planung liegt. Wenn ich darauf nicht sofort eingehe, verfehle ich die Gelegenheit, meine Planung mit dem zu verbinden, was für diesen Lernenden im Moment bedeutsam ist. Er würde auf stur schalten und wäre nicht länger motiviert.*

Unsere unmittelbare Reaktion auf Botschaften der Lernenden ist eine große Herausforderung. COWIE merkt an, dass es noch wenig Literatur darüber gibt, wie Lehrende im Unterrichtsgespräch *spontan* wahrnehmen, verstehen und so reagieren können, dass es dem Weiterlernen dient und außerdem die Motivation aufrechterhält. Er ermutigt uns trotzdem, uns auf diese (schwierige) Dynamik einzulassen. Lehrkräfte sollten *Flexibilität, Anpassungsfähigkeit und schnelle Reaktionen* anstreben; außerdem sollten sie *Sensibilität* entwickeln und in der Lage sein, ihre eigene Handlungsweise *wahrzunehmen.*

Zu unseren professionellen Handlungen als Lehrkräfte gehört ebenso das Mithören *(eavesdropping)*[94]: Wenn Lernpartner/-innen über ein Thema diskutieren, gehen wir herum und bemerken bzw. notieren interessante, wichtige Ideen. Diese werden zu späterer Zeit im Plenum aufgenommen. – Dasselbe tun wir, wenn Lernende in Einzelarbeit Notizen zu einem Thema vornehmen.

Neben dem Wahrnehmen, Verstehen und Reagieren ist auch das effektive Fragenstellen Voraussetzung von guten Gesprächen. Darum soll es nun in der Folge gehen.

94 Vgl. CLARKE 20147, S. 114.

2.7 Effektiv Fragen stellen

2.7.1 Fragen von Lehrkräften

IHRE ERFAHRUNGEN SIND WICHTIG
Wie sieht für Sie eine effektive Frage aus?

Effektive Fragen sind ein wesentlicher Teil des Unterrichtens. „Einfache" Fragen zielen auf Wiederholung oder sind reine Entscheidungsfragen: Sie können schnell und ohne viel Nachdenken beantwortet werden. Dadurch findet jedoch nur dem Anschein nach ein Klassenraumgespräch statt oder bewegt sich dieses auf sehr oberflächlicher Ebene. Lernenden sind diese einfachen Fragen natürlich sehr angenehm.

Dennoch bemühen wir uns, die Bedürfnisse unserer Lernenden weiterzuentwickeln: Wir stellen möglichst viele offene, zur Problemlösung anregende Fragen, geben Impulse und räumen längere Wartepausen ein, die zum Nachdenken und zum Gespräch einladen. Dieses Vorgehen ist für einige Lernende ungewohnt, vielleicht auch „schmerzhaft", weil nun tiefgründige Antworten von ihnen erwartet werden. Unser geduldiges Warten, unsere ggf. zusätzlichen Denkimpulse können ihnen dabei helfen, ihre Beiträge länger gestalten und zu vertiefen. Letztlich unterstützen wir sie auf diese Weise dabei, mehr zu lernen.

Es ist nicht einfach, Lernende freundlich, aber bestimmt zum Denken zu animieren. Clarkes Vorschläge[95] können hierbei hilfreich sein. So können Fragen beispielsweise das Thema weiter öffnen („Was denkst du, wie hält sich ein Flugzeug am Himmel?"). Auf diese Weise ist eher eine Meinung gefragt als eine – richtige oder falsche – Antwort. Diese Meinung muss begründet werden, und daraus kann ein Klassengespräch entstehen. Im Zweiergespräch[96] kann die Lehrkraft gezielte Fragen zum individuellen Lernen stellen *(informative questioning)*: „Sag mir, was du gemacht hast / zuerst machen wirst. Was meinst du mit … / denkst du über …? Nenn mir ein Beispiel. Wie könntest du das klarer sagen? Kannst du das näher erklären? Warum wählst du A und nicht B?"

Eine andere – in der englischsprachigen Literatur angeführte – Fragemethode, die das Denken fördert, ist das *no hands up*-Prinzip: Die Lernenden melden sich nicht auf die Frage der Lehrkraft, sondern diese wählt nach dem Zufallsprinzip aus, wer antwortet. Meldungen sollen nur dann erfol-

95 Vgl. Clarke 2014[7], S. 63.
96 Vgl. ebd., S. 114f.

gen, wenn die Lernenden selbst eine Frage haben.[97] Hintergrund dieser Fragetechnik ist, dass jeder nachdenken und eine Antwort finden sollte, egal ob richtig oder falsch. Alle Antworten helfen dabei, das Verstehen zu entwickeln. Es geht um den Prozess des Nachdenkens, nicht darum, es gleich richtig zu sagen.[98] Die Antwort „weiß ich nicht" ist jedoch nicht erlaubt. Bei großen Unsicherheiten kann die Lehrkraft mehrere Lernende um Antworten bitten, damit die unsichere Person eine daraus auswählen kann. Um leistungsstarke, willige Lernende nicht zu verprellen, schlägt WILIAM vor, deren freiwillige Antworten nach mindestens zwei Runden Zufallsauswahl zuzulassen.

Eine weitere Methode sieht vor, zunächst in einer *Einzel- oder Partnerarbeitsphase Ideen entwickeln zu lassen,* bevor die Lehrkraft um Beiträge bittet.[99] So können Lehrende mehr über das (Vor-)wissen ihrer Lernenden und über eventuell vorhandene Lücken und Missverständnisse erfahren. Darüber ist dann ein Austausch möglich.

Auch *spontane, einfache Fragen* („Warum denkst du das?, Wie könntest du das ausdrücken?") können die interaktive Dynamik im Klassenraum unterstützen und den Lernenden eine wertvolle Gelegenheit bieten, ihr Denken zu erweitern.[100]

Sicher muss die Lehrkraft ihre Schüler/-innen auch durch gezieltes Fragen dabei unterstützen, Probleme zu erkennen und im Gespräch zu lösen.

BROCK/HUNDLEY schlagen hierfür Fragen vor,

- die das Problem definieren lassen;
- die zur Metareflexion über Lernstrategien und -schritte anleiten;
- die um Auflistung von erwünschten Ergebnissen bitten;
- die Lernhindernisse und Alternativen thematisieren;
- die zur Planung künftiger Lernschritte anregen.[101]

Anstatt durch Fragen kann dieses Eruieren der Denkweisen zwischendrin auch einmal durch eine *schnelle Klassenumfrage* erfolgen: Alle (!) Lernenden geben blitzlichtartig gleichzeitig eine Antwort auf eine Frage. So können jüngere Schüler/-innen z. B. auf eine Multiple-Choice-Frage antworten, indem sie eine Zahlen- oder Buchstabenkarte mit der gewählten Option

97 Vgl. z. B. WILIAM 2018, S. 93ff.
98 Vgl. BLACK et al. 2004, S. 13.
99 Vgl. ebd., S. 11–12.
100 Vgl. ebd., S. 12.
101 Vgl. BROCK/HUNDLEY 2017, S. 67–68.

hochhalten. Mit diesen Ergebnissen kann die Lehrkraft dann weiterarbeiten: Sie kann die Lernenden z. B. je nach Hilfe-, Übungs- oder Transferbedarf in Gruppen einteilen. Einzelne Gruppen können anderen ihre Wahl erklären oder die Gruppen werden zu diesem Zweck gemischt. Möglicherweise hat auch die ganze Klasse ähnliche Bedürfnisse.

Anstatt Multiple-Choice-Impulse zu beantworten, können sich Lernende auch ihrem Verständnis nach auf einer Linie anordnen und ihren Standort dann erklären oder Post-Its oder Wäscheklammern zu bestimmten Impulsen anordnen. Dies kann auch der *Rückmeldung an die Lehrkraft* dienen.[102]

Das Verständnis der vorigen Stunde kann mit dem Einstieg in Neues verbunden werden, z. B durch offene Fragen oder Satzanfänge *(entry ticket)*[103]; zu Stundenende kann das Verstandene auf einem Ausgangsstatement *(exit ticket*[104]*)* vermerkt werden. Wenn dies in Verbindung mit Namen erfolgt, können gezielt für bestimmte Lernende Maßnahmen vorbereitet werden.

Ein großes Problem ist, dass häufig einige Schüler/-innen den Unterricht dominieren, während andere beharrlich schweigen. Brock/Hundley schlagen vor, sogenannte *„Sokratische Seminare“* einzuschieben[105], in denen *alle* sprechen „müssen“.

Aus der Praxis: *Dafür kann man sich vielfältige Varianten ausdenken. Besonders die dialogische Form ist sehr einladend: Ich selbst lasse häufig zwei Schüler/-innen etwas besprechen/lesen. Jeder soll die Gedanken des Partners/der Partnerin zunächst in Partnerarbeit notieren und dann im Plenum wiedergeben/einordnen/kommentieren o. Ä. Die Lernpartner/-innen sind eingeladen, die von ihnen stammenden, vorgetragenen Gedanken wiederum richtigzustellen oder zu ergänzen, das Plenum kann nachfragen.*

2.7.2 Fragen von Lernenden

IHRE ERFAHRUNGEN SIND WICHTIG
Stellen Ihre Lernenden Fragen, die das gemeinsame Gespräch weiterführen?

„Normalerweise“ stellen wir Lehrkräfte im Unterricht Fragen. Aber wie steht es mit unseren Jugendlichen? Ich möchte hier ein Thema aufgreifen,

102 Letzteres habe ich mit Klassen schon durchgeführt – außerhalb des Schulgebäudes. Ein Sechstklässler nannte dieses sehr ertragreiche Feedback zu Themen, Texten und Aktivitäten im Englischbuch „Klammerback“.

103 Brock/Hundley 2017, S. 50.

104 Wiliam/Leahy 2015, S. 84–85.

105 Brock/Hundley 2017, S. 41.

dessen Tragweite für den Lernprozess mir selbst erst kürzlich bewusst geworden ist: *Fragen von Lernenden, die weiterführen.* Hiermit sind keine reinen Verständnisfragen gemeint.

Eine Befragung zum Thema Fragen hat Folgendes ergeben:

- *Aussage* 18: Ich stelle *Fragen,* die uns alle zum Denken anregen und weiterbringen. – *Ergebnisse:* Kl. 5: 2,05 (an 23. Stelle/29); Kl. 7: 2.6 (an 26. Stelle/29); Kl. 8 4,0 (an 29. Stelle/29)

Analyse: Die Bereitschaft, Fragen zu stellen, nimmt zur Pubertät hin stark ab. Die Lernenden verlieren eher den Bezug oder den Willen zur aktiven Mitgestaltung.

Vielleicht ist diese Reaktion mangelnder Kompetenz beim Fragenstellen geschuldet. Möglicherweise liegt hier auch ein pubertärer Unwille vor, „freiwillig" am Unterricht teilzunehmen. Es könnten jedoch auch andere Gründe für dieses Verhalten verantwortlich sein. So erwähnt etwa COWIE[106] in seiner Untersuchung über Zehnjährige Folgendes: Lernende befürchten, dass sie als „dumm" oder unaufmerksam abgestempelt werden, wenn sie Fragen stellen. In diesen Interpretationen überschneiden sich kognitive, affektive und soziale Konsequenzen, was wiederum das Gefühl von Selbstwirksamkeit (s. DECI/RYAN) und die sozialen Beziehungen in der Lerngruppe beeinflusst (s. sozio-kulturelle Theorien). COWIE erwähnt, dass mangelndes Vertrauen und mangelnder gegenseitiger Respekt die Lernenden daran hindere, selbst Fragen zu stellen.

Die Lehrkraft sollte ihre Lernenden daher unbedingt anleiten und ermutigen, *Fragen zu stellen.* Schon im Rahmen der Gestaltung eines positiven Klassenklimas spielt die Entwicklung einer „Kultur des Fragestellens" eine wichtige Rolle. (Man denke an das alte Sesamstraßenlied, in dem es heißt: „Wer nicht fragt, bleibt dumm!") Diese Bemühungen können dazu beitragen, oben angesprochene Unsicherheiten zu vermeiden. Eventuellen pubertären „Trägheiten" sollte die flexibel reagierende Lehrkraft möglichst entgegentreten.

106 Vgl. COWIE 2005, S. 147–148.

Brock/Hundley schlagen folgende Methoden vor:

- Die Lernenden stellen in einer bestimmten Zeit so viele Fragen wie möglich.
- Die Lernenden stellen Fragen infrage.
- Sie analysieren oder klassifizieren Fragen.[107]

Larsen-Freeman[108] spricht davon, dass eine Kultur des Fragestellens im Unterricht trainiert werden sollte, um das Lernen zu unterstützen. Daraus könnte ein „multilogue" in der gesamten Lerngruppe entstehen. Beispielsweise kann ein außergewöhnliches fachliches Phänomen präsentiert werden, woran sich Fragen und Gespräche anknüpfen.

Im Rahmen einer solchen Kultur des Fragestellens können Lernende auch Fragen bzw. Aufgaben für andere vorbereiten, die diese dann lösen, beispielsweise zum Ende der Stunde. Dadurch verschaffen sich alle einen Überblick und wiederholen die Themen. Wiliam/Leahy sprechen von „question shells", schablonenartigen Sätze, die mit Inhalten gefüllt werden, so etwa: „Was ist der Unterschied zwischen … und …? / Erkläre warum … / Was würde passieren, wenn …? / Wie könntest du einem Mitschüler erklären …? / Welche Auswirkungen hat …? / Welches ist das stärkste Argument gegen …? / Warum passiert Folgendes: …?"[109] – Die Lehrkraft kann anhand der Fragen der Lernenden sehen, inwieweit diese die Thematik verstanden haben.

Aus der Praxis: *Wie ich in meinen Aufsätzen 1997, 1999, 2002a zum Training für Klassenarbeiten[110] darstelle, habe ich Schülergruppen Themen, Arbeitsanweisungen und angefangene Aufgaben sehr unterschiedlicher Art ausgeteilt, die sie dann für ihre Mitlernenden weiterentwickelt haben (mit Lösungsblatt). Anschließend wurden diese Aufgaben in Stationenzirkeln von allen erledigt. Häufig haben Lernende zunächst diejenigen Aufgaben gewählt, die noch Schwierigkeiten bereiteten. Besonders motivierend, schülerzentriert und selbstverantwortlich war jedoch, dass alle in ihren Gruppen Fragen bzw. Aufgaben für alle stellten. Festigung und Übung waren positive Nebeneffekte dieses Vorgehens.*

Doch nicht nur das Stellen und Beantworten von Fragen kann zu guten Gesprächen führen: Die Lernenden benötigen Modelle, Beispiele, sie müssen Anleitung zur Übung und Festigung im Lernprozess erhalten.

107 Vgl. Brock/Hundley 2017, S. 150.
108 Vgl. Larsen-Freeman 2021, S. 10
109 Vgl. Wiliam/Leahy 2015, S. 87.
110 Vgl. Wilkening 1997a + b, 1999, 2002a.

2.8 Qualität schaffen und Lerngespräche unterstützen durch Modelle, Beispiele, Übungen

„Gib mir einen Platz, wo ich stehen kann, und ich bewege die Erde.“[111]

Archimedes

Folgende Gallup-Umfrage gibt zu denken: Nur 35 Prozent der Fünft- bis Zwölftklässler sind in der Lage, Wege zu finden, um Schwierigkeiten anzugehen. Den anderen fehlen solche Wege oder Strategien.[112] Zu diesen muss die Lehrkraft sie gezielt hinführen.

In meinen Befragungen habe ich ebenfalls das Thema Üben angesprochen. Hier ein Einblick in die Antworten meiner Schüler/-innen:

Aussage 14: Ich *übe* gern. – *Ergebnisse:* Kl. 5: 2,45 (an 29. Stelle); Kl. 7: 2,8 (an 28. Stelle/29); Kl. 8: 3,75 (an 29. Stelle)

- *Analyse:* In allen drei Jahrgängen steht das „Üben“ an letzter oder vorletzter Stelle der Bewertungsskala. – Das könnte bedeuten, dass auch das Üben, Modellieren und Beispielegeben viel stärker kultiviert werden sollte und den Lernenden die Wichtigkeit dieser Handlungen immer wieder bewusst gemacht werden muss, indem wir sie in diesem Rahmen viel mehr involvieren.

IHRE ERFAHRUNGEN SIND WICHTIG
Haben Sie auch manchmal den Eindruck, die Lernenden hätten nicht genug geübt?
Machen Sie die Lernenden mit guten Beispielen und Modellen von anderen Arbeiten bekannt? Wenn ja, wann und wie nutzen Sie diese?

Wir verfügen über vielfältige Möglichkeiten, unsere Lernenden in ihrem Lernprozess zu unterstützen. Modelle, Beispiele und Übungen spielen dabei eine zentrale Rolle. Mit ihrer Hilfe können wir kompetenzorientierte Gespräche in der Klasse oder Gruppe, zwischen Lernpartner/-innen oder auch mit unserem jeweiligen Gesprächspartner initiieren. Modelle oder Beispiele haben enorme Vorteile gegenüber allen mündlichen oder schriftlichen Arbeiten der Lernenden, und zwar aus folgenden Gründen:

111 Heath 1914, S. 21.
112 Vgl. Gallup Student Poll, Blog vom 15. 3. 2016.

- Sie thematisieren *Qualität,* indem sie demonstrieren, wie ein fertiges Produkt aussehen könnte.[113] Dadurch werden die künftigen Produkte besser. Sie zeigen beispielsweise eine sehr gute oder eine verbesserungswürdige Lösung, mit deren Hilfe die Erfolgskriterien (s. u.) (weiter) entwickelt werden können. Die einzelnen Produkte können aber auch mit diesen Kriterien abgeglichen werden.
- Besonders hilfreich sind *Vergleiche* zwischen Produkten, die sich auf zwei unterschiedlichen Niveaus bewegen. Lernende erkennen dabei die Qualitätskriterien und auch deren feinere Nuancen. Eine altersgemäße Abstufung des Schwierigkeitsgrades dieser Vergleiche erweist sich als sinnvoll. Bei jüngeren Lernenden kann man zwei gegensätzliche Beispiele vorlegen (ein sehr gutes und ein sehr schlechtes), die verglichen werden. Bei Lernenden, die schon etwas Sensibilität im Erkennen von Unterschieden entwickelt haben, können Beispiele genutzt werden, die in ihrer Qualität etwas enger beieinander liegen.[114]

  Aus der Praxis: *Wie häufig fragen uns unsere Lernenden: „Warum ist das ‚gut', aber nicht ‚sehr gut'"? Mithilfe eines Vergleichs von Beispielen bzw. Modellen können wir es ihnen verdeutlichen.*
- Lernende üben dabei, ihre Einschätzungen anhand der Arbeiten zu *begründen* und *kriterienorientiert* zu *argumentieren.* Sie verinnerlichen die Kriterien damit schneller und sparen wertvolle Lernzeit.
- Modelle und Beispiele sind *emotional neutral,* weil sie *nicht* von den Lernenden selbst stammen. Daher können diese sich auch unbeschwert darauf einlassen. Ihre eigene Arbeit profitiert enorm von diesem Vorgehen.
- Eine *altersgemäße Stufung* des Schwierigkeitsgrades dieser Vergleiche erweist sich als sinnvoll. Bei jüngeren Lernenden kann man zwei gegensätzliche Beispiele vorlegen (ein sehr gutes und ein sehr schlechtes), die verglichen werden. Bei Lernenden, die schon etwas Sensibilität im Erkennen von Unterschieden entwickelt haben, können Beispiele genutzt werden, die in ihrer Qualität etwas enger beieinander liegen.[115] Mit perfekten Modellen bzw. Beispielen anzufangen ist recht schwierig, wenn sich die Lernenden noch nicht intensiv mit den Kriterien der Kompetenz vertraut gemacht haben. Alle sehen vor Arbeitsbeginn genau dasjenige *große Gesamtbild* von möglichen fertigen Produkten, das Lernenden so oft fehlt, weil sie nur die einzelnen Kriterien vor Augen haben.

113 Vgl. CLARKE 2014[7], S. 112 (zu Beispielarbeiten unterschiedlicher Qualität).
114 Vgl. WILIAM/LEAHY 2015, S. 42.
115 Vgl. ebd., S. 42.

Es ist besonders interessant und hilfreich für Lernende, wenn *ihre Lehrkraft selbst etwas darbietet oder modelliert.*

Aus der Praxis

„allgemein": *Wenn Sie Ihre Lernenden fragen, ob sie wünschen, dass Sie selbst das erste Beispiel geben bzw. vorführen, stimmen diese immer eifrig und interessiert zu.*[116]

„Reden halten": *Ich habe eine Rede gehalten, die ich mit vielen Vortragsfehlern gespickt habe, was meine Schüler/-innen wegen der Übertreibungen noch zusätzlich motiviert hat. Die Kriterien für gute Reden lagen schnell auf der Hand.*

„Partnerdiskussion": *Ich habe mit Freiwilligen (hierzu melden sich ja meist leistungsstarke Lernende) ein Gespräch spontan vorgeführt, z. B. zwischen Arbeitgeber und Bewerber, zwischen Mutter und Kind.*

Lehrkräfte können die Qualitätskriterien auf diese Weise „geballt" demonstrieren. Außerdem ist die persönliche Demonstration (statt einer schriftlich vorliegenden) äußerst wirkungsvoll, denn viele Schüler/-innen lernen mit allen Sinnen.

Es ist für die Lernenden also von größter Wichtigkeit, dass die Lehrkraft jederzeit dazu bereit ist, selbst als Erstes ein *best practice*-Beispiel zu geben.

Was das schriftliche Modellieren angeht, ist es sinnvoll, Beispiele von Lernenden *aus anderen Jahren oder zumindest Klassen* zu haben. Diese müssen jedoch *über Jahre gesammelt* und nach Fach und Jahr archiviert werden.

Aus der Praxis: *Machen Sie es bitte besser als ich, sammeln Sie schriftliche Arbeiten, Zeichnungen etc. gleich von Anfang Ihrer beruflichen Laufbahn an.*[117] *Wenn Sie diese dann noch vor Weitergabe an Ihre Klassen anonymisieren, kann auch der Datenschutz nichts dagegen einwenden. Denn Arbeiten immer mit dem Computer abschreiben zu müssen, ist sehr mühsam … Und um das ganze Verfahren zu optimieren, sollten Sie im Fachkollegium Arbeiten zentral sammeln und archivieren, sodass dadurch auch alle anderen Lehrkräfte von den Vorzügen authentischer Modelle und Beispiele für ihren Unterricht profitieren können.*

---

116 Ich halte es schon immer so, dass auch ich ein Thema vorbereite, genau wie meine Lernenden. Auch hier kommt es zu einem *Backwash*-Effekt, weil sie dadurch sehen, wie wichtig diese Arbeit ist und dass ich mich – wie sie – bemühe, anstrenge, gute und schlechte Arbeitserfahrungen mache.

117 Vgl. CLARKE 2014[7], S. 118.

Für den Fall, dass Sie nicht rechtzeitig systematisch Schülerarbeiten gesammelt haben, schlägt CLARKE vor, aus Parallelklassen, anderen Schulen oder Online-Ressourcen reale Beispiele zu suchen.[118] Notfalls kann die Lehrkraft auch selber ein Beispiel „erstellen".

Man kann während des Unterrichts ein oder zwei zufällig ausgewählte und noch im Entstehen begriffene Werke der Lernenden projizieren, um daran im Plenum die erfolgreiche Umsetzung der Kriterien sowie Verbesserungsvorschläge zu diskutieren und diese unmittelbar danach auszuführen. CLARKE nennt dieses Vorgehen „on the spot feedback" und erklärt, wie hilfreich dies nicht nur für die zufällig ausgewählten Schüler/-innen ist, sondern auch für alle anderen. Hierbei handelt es sich um eine effektive Form personalisierten Lernens.[119] Die Lehrkraft muss jedoch Fingerspitzengefühl walten lassen, damit sich niemand bloßgestellt fühlt.

Die Beispiele zeigen uns auch, dass die Unterstützung durch Modelle und Beispiele eng mit der Hilfe durch Feedback verbunden ist und beides Gespräche fördert, die das Lernen verbessern. Auch stehen diese Vorschläge in engem Zusammenhang mit Kapitel 3.1.2 (transparente Qualitätskriterien), da die Erfolgskriterien hierdurch effektiv verdeutlicht werden können.

JA zur Unterstützung durch Modelle, Beispiele

Nachdem die Lernenden in ihrer Produktion durch Modelle und Beispiele unterstützt worden sind, steht die *Übungsphase* an. Auch dieser Phase schreiben die Lernenden nicht immer große Bedeutung zu (s. o. Aussage 14 Umfrage).

Um das Üben attraktiver zu gestalten, können die Lernenden in Gruppen selbst Aufgaben und Lösungsblätter für ihre Mitlernenden formulieren (s. o.). WILIAM/LEAHY[120] berichten von Studien über den „generation effect": So wurde beispielsweise festgestellt, dass eine Stunde, in der Lernende Testaufgaben für andere zum Stoff schrieben, mehr Lernerfolge für sie bereithielt als eine Stunde „normales" Üben. Auch LAM[121] beschreibt diese *alle Lernenden involvierende aktive Wiederholungsphase* und betont dabei die sozialen Kompetenzen, die in den Gruppengesprächen trainiert werden.

Wir können also festhalten, dass gute Modelle, Beispiele und Übungen, die in Gesprächen beim und über das Lernen gemeinsam analysiert und bearbeitet werden, Schüler/-innen auf ihrem Weg zum besseren Lernen unterstützen.

118 Vgl. CLARKE 2014[7], S. 121.
119 Vgl. ebd., S. 135.
120 Vgl. WILIAM/LEAHY 2015, S. 47.
121 Vgl. LAM 2017, S. 276.

2.9 Leistungsbesprechung als Chance zum Lernen

IHRE ERFAHRUNGEN SIND WICHTIG
Wie finden Sie unsere Leistungs- und Fehlerkultur?
Können Missverständnisse bzw. Fehler für das Lernen nutzbar gemacht werden?
Und wenn ja: Was können Lerngespräche dazu beitragen?

Wir kennen das alle: Bei vielen unserer Schüler/-innen endet das Lernen in dem Moment, in dem sie ihre Note erhalten. Wann und wie sollten also Leistungen überprüft werden? Wie hilfreich sind Noten, wenn es ums Lernen geht, welche Auswirkungen haben sie? Diese Fragen werden seit Jahrzehnten heiß diskutiert. Die Forschung zur pädagogischen Diagnostik beschäftigt sich seit den 1990er Jahren intensiv mit der Reformierung der Leistungsbeurteilung.[122] „Überprüfung" bedeutet die summative Testung in der Klassenarbeit, der Klausur oder in anderen Prüfungen am Ende einer Lerneinheit.

In diese Diskussion steige ich nicht ein. Ich möchte hier stattdessen einige – auf meiner Unterrichtspraxis aufbauende – Vorschläge unterbreiten, wie man *formative* Elemente aus dem Lernprozess in die Leistungsbeurteilung einbeziehen könnte.[123]

Solche formativen Elemente könnten sein:

- Umformulierung von Lernstationen oder Wiederholungsstationen mit ähnlichen Aufgabenstellungen, die die Lernenden selbst angefertigt haben (z. B. kann eine Vokabelübung als Memoryspiel aus dem Stationenlernen zu einer im Wortgitter werden; Worterschließungstechniken können auf neue Wörter angewendet werden)
- Bitte um Weiterentwicklung von Leerstellen (z. B. kann zu einer Romanfigur ein innerer Monolog nach einem entscheidenden Ereignis geschrieben werden, der im Roman fehlt)
- Erbitten einer Metaevaluation zu bestimmten Aspekten von durchgeführten Lernmethoden (z. B. Zeitvorgaben, Sozialformen wie: die Beurteilung der Situation, dass bei der Gruppenarbeit ein Mitschüler einem anderen spontan die Uhrzeit erklärt, obwohl es nicht in der Aufgabe stand

122 Vgl. WINTER 2015, S. 12ff.
123 Verwiesen sei auch auf meine Aufsätze 2002b und 2008.

- Erfragen oder Metaevaluieren bestimmter inhaltlicherAspekte (z. B. Begründung, warum/warum nicht die Klassenlektüre weiterempfohlen werden kann)
- Erbitten einer Selbsteinschätzung zu methodischen Aspekten durchgeführter Arbeiten (z. B. kann zu gemeinsam erarbeiteten Methoden des Vokabellernens in der Arbeit um eine persönliche Abwägung zweier Techniken gebeten werden)
- Analyse von in der Klasse problematisch abgelaufenen Lernsituationen, Bitte um Problemlösung und „Ratschläge" (z. B. hat die Lehrkraft beobachtet, dass Schüler bei der Videokonferenz in den Gruppenräumen Privates besprechen, anstatt die Aufgaben zu lösen. In der Arbeit könnten Regeln für die Gruppenräume formuliert werden)
- Impulse zur Mitplanung von zukünftigem Lernen (z. B. Inhalte, Methoden, Sozialformen) und zur Findung von Alternativen (z. B. können Lernende nach Partnerfeedback zu ihrer Präsentation in der Arbeit Alternativen zu ihren angewandten Methoden entwickeln)

***Aus der Praxis:** „Bewertung"*
Die beiden ersten inhaltlichen Aufgaben der Klassenarbeit konnte ich „normal" beurteilen; die Lernenden hatten als Gerüst noch die ähnlich bearbeiteten Aufgabenstellungen aus dem Unterricht im Kopf. In den anderen Fällen (Analysen, Evaluationen, Metaevaluationen) war das Beurteilungskriterium der Bezug zur Aufgabenstellung in der Arbeit; Bepunktung waren ein oder wenige Punkte von der Gesamtpunktzahl. Dies hat anfangs zu Diskussionen in meiner Fachschaft geführt …

So könnte also eine lerndienlichere Beurteilung aussehen, die formativen Charakter hat, da sie nicht „am Ende" angesiedelt ist, sondern in die Arbeits- und Lernprozesse hineinreicht. Der *Backwash*-Effekt ist, dass die Lernenden durch Aufnahme solcher Elemente in die Klassenarbeit und die – zwar geringe, eher anerkennende – Wertung spätestens jetzt bemerken, dass Lernprozesse wichtig sind und zum Lernergebnis führen.

Von der Groeben macht gute Vorschläge für prozessdiagnostische Leistungsnachweise: Grundlage ist hier ein dynamisches Leistungsverständnis, das nicht abfragt, ob normierte Erwartungen und Kompetenzen erreicht wurden. Stattdessen sollen Verstehenswege, die zu individuell erreichten Kompetenzen geführt haben, erklärt werden.[124]

124 Vgl. Von der Groeben 2015, S. 44–45.

Im Folgenden führe ich einige Beispiele für Gespräche an, mit deren Hilfe Sie Ihre Schüler/-innen auch außerhalb der Klassenarbeiten einschätzen bzw. beurteilen können. Diese Vorschläge gehen weit über viele allgemeine Ideen zu alternativen Beurteilungsformen hinaus, die in der pädagogischen Diagnostik häufig im Bereich der *einseitigen* Reflexion – durch die Lernenden selbst, durch Mitlernende oder die Lehrkräfte – verharren, ohne in einen *wirklichen Dialog über das Lernen* einzutreten.

Reflexionen als Ergänzung der Beurteilung

Die Beurteilung wird auf die Reflexion von Lern*prozessen* ausgedehnt (es geht nicht nur um Lern*ergebnisse*). In solchen Gesprächen könnten gemeinsam Schlussfolgerungen für besseres Lernen diskutiert und gezogen werden. Meine Vorschläge aus der Praxis beziehen sich „nur" auf solche Gespräche über Leistungen, ganz nach der Devise: „Grade less – dialogue more."[125]

1. Die einzelnen Lernenden und die Lernpartner/-innen reflektieren das Lernen.

   ***Aus der Praxis:** „Präsentation"*

   Die Referierenden reflektieren am Schluss ihrer Präsentation ihre Vorgehensweisen. Sie denken darüber nach, ob diese erfolgreich waren oder nicht und welche Alternativen es gibt. Die Zuhörenden stellen Fragen. Gemeinsam werden Ideen zur Optimierung des Prozesses entwickelt. – Ein Beurteilungsraster für Präsentationen könnte zusätzlich die Punkte „Sachlichkeit und Intensität der Reflexion, konstruktive Findung von Alternativen" enthalten. Auch die Zuhörenden könnten für ihre kriteriengestützten Diskussionsbeiträge gute Beurteilungen bekommen.

   Ich habe dies schon häufiger bei mündlichen und schriftlichen Reflexionsgesprächen so durchgeführt, d.h. ich habe auch für die Feedback-Geber gute Bewertungen notiert.[126] – Dazu muss diese Praxis den Lernenden vorher notwendigerweise bekannt sein. Für die Lehrkraft bedeutet dies natürlich Einsatz und ein hohes Maß an Flexibilität beim Notieren der angeführten Ideen bzw. beim Durchlesen. Aber ein solcher Einsatz ist sehr lohnenswert und führt zu effektiven Gesprächen über das Lernen.

125 Brock/Hundley 2017, S. 101.

126 Ich möchte auch auf die Kapitel zu Partnerfeedback vorverweisen, in denen viele Beispiele dafür zu finden sind, wie sowohl Feedback-Geber als auch -Empfänger für kriterienorientiertes, hilfreiches Feedback gute „mündliche" Noten bekommen können.

2. Auch die zeitliche Terminierung von formativem Feedback und Notengebung ist wichtig: Sollte beides gleichzeitig erfolgen? Untersuchungen zeigen, dass dies nicht effektiv ist, weil die Lernenden in diesem Fall nur die Noten lesen und die Kommentare ignorieren.[127] Erfolgt das Feedback zunächst ohne Bewertung, bemühen sich Lernende eher, die Qualität wirklich zu verbessern, um dann abschließend eine bessere summative Note zu erreichen. LAM spricht von „delayed evaluation“ [128]: Diese fördere den Feedbackdialog zwischen Schüler/-innen und Lehrkräften und die Motivation. Es bringe die Lernenden eher dazu, den Lernprozess in den Blick zu nehmen. Dadurch seien alle aktiv an der Verbesserung des Lernprozesses für ein besseres Endergebnis beteiligt.
3. In Verbalbeurteilungen werden Leistungen für Zeugnisse in Worte gefasst, was in Deutschland an Sekundarstufen kaum praktiziert wird. Ähnlich ist es mit Lernentwicklungsgesprächen. Allerdings kommen diese am Ende des Lernprozesses eigentlich zu spät.[129]

   Aus der Praxis: *Obwohl unsere Schulgesetze Verbalbeurteilungen nicht flächendeckend vorsehen, kann man Teilleistungen durchaus verbalisieren und dann darüber ins Gespräch eintreten (s. Skala zu personalen und sozialen Kompetenzen in Kap. 2.4). Diese Gespräche können zwischen Lehrkraft und Lernenden oder auch mit den Eltern geführt werden. – Der letzten Phase könnte man auch ein Partner/-innengespräch vorschalten, in dem Argumente für das folgende Gespräch mit Lehrkraft/Eltern gesammelt werden.*
4. Missverständnisse und Fehler sind eine Chance zum Weiterlernen: Zur Abkehr von der defizitorientierten hin zur stärkenorientierten Pädagogik mit „Qualitätensuche“ gibt es umfangreiche Forschungsliteratur, auf die ich hier nur verweisen möchte.[130] HATTIE stimmt dem Ansatz zu: „Fehler müssen begrüßt werden … Fehler bieten Gelegenheiten.“[131] So können sie u. a. durch Gespräche zur Optimierung der Lernprozesse führen.

   Aus der Praxis: *Missverständnisse bzw. Fehler können in einer schriftlichen Arbeit lediglich markiert und dann im Gespräch zwischen Lernenden und Lehrkraft näher geklärt werden.* WILIAM/LEAHY *nennen dies: „Find it and fix it.“*[132] *Als noch abstraktere Stufe schlagen sie vor, unter der Arbeit die Art*

127 Vgl. BLACK et al. 2004, S. 13.
128 LAM 2017, S. 278.
129 Vgl. SEIDEL 2020, S. 20.
130 Vgl. SCHEUNPFLUG et al. 2012, WINTER 2015, S 33ff. u. v. m.
131 HATTIE 2014, S. 141.
132 WILIAM/LEAHY 2015, S. 125.

der Fehler anzugeben. Die Schüler/-innen sollen dann nach den Fehlern suchen. Inhaltliche Kommentare könnten mit anderer Farbe geschrieben werden.

Eine zweite Möglichkeit wäre, dass Fehler, die bei verschiedenen Lernenden häufiger vorkommen, kollektiv besprochen werden[133]*: Warum wurde der Fehler gemacht? Welche Strategien gibt es, ihn zukünftig zu vermeiden? Und auch eine kurze Unterrichtsphase, die den Lernenden bestimmte Aspekte nochmals auf andere Weise näherbringt, kann hilfreich sein.*

Drittens können Lernende eine schriftliche Analyse ihrer Missverständnisse oder Fehler machen. Im darauffolgenden Gespräch können Alternativlösungen diskutiert werden.

Viertens kann diese Aktivität mit Partnerarbeit verbunden werden. Die Lernpartner/-innen können bei der Korrektur helfen und die Paare können die o.g. Fragen diskutieren sowie ggf. Impulse für weitere Gespräche sammeln.

Fünftens kann sich die Fehlermarkierung auf einige Fehler beschränken, die z. B. nach bestimmten Kategorien ausgewählt wurden.

Sechstens können einfache Checklisten mit Erfolgskriterien abgehakt werden (vom jeweiligen Schüler / der jeweiligen Schülerin, den Partner/-innen, der Lehrkraft) und anschließend Thema des Gesprächs werden.

Bei all diesen Methoden werden die Lernenden angeleitet, Missverständnisse oder Fehler als Chance zum Weiterlernen anzusehen und aktiv anzugehen. Intensive Reflexionen im Gespräch können ebenso in die Beurteilung eingehen.

5. Es besteht auch die Möglichkeit, gar nicht zu benoten. Wenn die Lehrkraft und ggf. die Mitlernenden stattdessen nützliche Tipps zum Weiterlernen geben, wäre dies sicher lernförderlicher.[134] Diese Vorgehensweise sollte so häufig wie möglich zum Einsatz kommen.

Nachdem wir nun den Umgang mit Fehlern und Missverständnissen und die Rolle von Gesprächen bei der Leistungsbeurteilung betrachtet haben, gehen wir in der Folge der Frage nach, mit welchen Gesprächsmethoden und Hilfsmitteln formative Lernprozesse gezielt geplant, angeleitet und optimiert werden können.

133 Vgl. Lam 2017, S. 276.

134 Vgl. Brock/Hundley 2017, S. 26.

Lernprozesse im Dialog planen, anleiten, optimieren

3

Die PISA-Studie 2018 zeigt, dass die ergebnisoffene Lernhaltung auf sehr umfassende und vielfältige Weise unterstützt werden muss. Eine solche Unterstützung darf sich nicht nur auf größere Anstrengungen beziehen.[1] Der dritte Teil dieses Buches ist daher folgendermaßen aufgebaut: Zunächst werden – sozusagen als Leitlinie – die fünf Strategien formativen Lernens nach LEAHY erklärt, die in der Forschung allgemein Anerkennung finden. Danach leiten uns Überlegungen zur Planung, Durchführung und Reflexion von Unterrichtsphasen und -einheiten zu konkreten guten Gesprächen.[2]

- Die erste Strategie formativen Lernens nach LEAHY betrifft das gemeinsame *Klären, Verbreiten und Verstehen von Lernintentionen und Erfolgskriterien* (Kap. 3.1.1.–3.1.4.).
- Die zweite Strategie zielt auf die Rolle der Lehrkraft ab, die herausfinden sollte, *wo die Lernenden in ihrem Lernen stehen* (Kap. 3.1.5.).
- Als dritte Strategie erhalten die Lernenden Feedback dazu, *wo sie stehen und mit welchen Strategien sie ihr Lernen optimieren* können (Kap. 3.3.1. –3.3.3.).
- Die vierte Strategie soll die *Lernenden so aktivieren, dass sie füreinander zur Lernressource werden*, wobei es weniger um Beurteilung geht als um *Unterstützung und Optimierung* (Kap. 3.3.4.–3.3.8.).
- Und die fünfte Strategie soll die Lernenden dabei anleiten, zunehmend die *Verantwortung für ihr eigenes Lernen* zu übernehmen (Kap. 3.3.9.).

Allen fünf formativen Strategien ist gemein, dass *Belege über Lernstände* im Unterricht durch gezielte Gespräche beim Lernen und über das Lernen erhoben, interpretiert und dann für den weiteren Unterricht bzw. das individuelle Lernen genutzt werden. Mithilfe dieser Belege können *Entscheidungen* über die *weitere Unterrichtsplanung* getroffen werden, wodurch vermutlich *Lernen besser gefördert* werden kann.

1 Vgl. OECD 2019c, S. 200.
2 Vgl. LEAHY et al 2005, S. 19–24.

3.1 Planung von Lernprozessen im Dialog

3.1.1 Transparente Lernintentionen

IHRE ERFAHRUNGEN SIND WICHTIG
Wie bringen Sie Lernintentionen ins Unterrichtsgespräch ein?

3. Befragung, Aussage 3: Ich verstehe immer die *Fragen/Aufgaben. – Aussage 4:* Ich verstehe, was ich *am Ende können* soll. – *Ergebnis bei beiden:* Note 2,6 (13. Stelle von 20)
Analyse: Die Schüler/-innen ordnen ihr Verständnis eher im mittleren bis unteren Bereich ein. Das deutet auf Klärungs- und Übungsbedarf im Unterrichtsgespräch hin.
1. Befragung, Aussage 15: Ich verstehe immer die *Aufgabenstellungen. – Ergebnisse:* Kl. 5: 2,17 (26. Stelle/29); Kl. 7: 2,8 (26. Stelle/29); Kl. 8: 3,3 (25. Stelle/29)

Aufgabe nicht verstanden

Analyse: In allen drei Jahrgangsstufen liegt das Verständnis der Aufgabenstellungen auf den letzten Rangplätzen der Bewertungsskala. Auch hier zeigt sich also ein großer Bedarf für die Unterrichtsarbeit. – Dies bestätigt eine Vermutung, die wir ohnehin häufig haben, nämlich, dass Lernende die Aufgabenstellungen oft nicht richtig verstehen.

Wohin gehe ich?

Die Ergebnisse dieser Befragungen aus meiner Unterrichtspraxis zeigen: Für Lernende ist es unbedingt wichtig, zu Beginn zu erfahren und zu besprechen, was sie lernen werden und was sie tun sollen. Darauf geht u. a. HELMKE in seinem Unterrichtsprinzip Nr. 1 ein („Strukturierung und Transparenz"), ähnlich argumentiert auch HELMKE. HATTIE formuliert die Frage auf seiner ersten Feedbackebene: „Wohin gehe ich?" Die Standards für Lehrerbildung aus dem Jahr 2004 formulieren es als eine unserer wesentlichen Aufgaben, die Lernenden entsprechend zu informieren.[3] Es ist selbstverständlich, dass dies in Gesprächen erfolgt.

Laut WILIAM liegt zwar auf der Hand, dass Lernende Informationen über das, was sie in der Folge lernen werden, als hilfreich empfinden. Dennoch ist es eine relativ neue Unterrichtstechnik, die Lernenden konsequent über Lernintentionen und Erfolgskriterien zu informieren.[4] Mit Letzteren sind Kriterien gemeint, anhand derer wir beurteilen, ob die Lernaktivitäten, in

3 Vgl. KULTUSMINISTERKONFERENZ 2019, S. 7ff.
4 Vgl. WILIAM 2018, S. 57.

die wir unsere Lernenden einbinden, für ihr Lernen erfolgreich sind,[5] so z. B. Raster, Skalen oder Checklisten (siehe folgendes Kapitel).

Das Gespräch über Lernintentionen ist ein komplexes Unterfangen. WILIAM/LEAHY[6] geben diesbezüglich einige Tipps, die hier in Zusammenfassung vorgestellt werden sollen.

Lehrkräfte sollten:

- interessante Ideen oder Argumente aus dem Erfahrungsbereich der Lernenden einbringen, die zu spannenden, vielleicht sogar kontroversen Diskussionen führen (wie bei Aktivitäten zum Einstieg in ein neues Thema oder in ein literarisches Werk)[7];
- Beispiele guter Lernprodukte anbieten;
- keine Einzelteile, spezifischen Aufgaben herausstellen, sondern die übergreifende Idee bzw. die allgemeinen Lernintentionen betonen;
- die „richtige Dosierung" von kleinen und großen Ideen für die Lernenden finden (s. folgendes Kapitel) – die Kunst der planenden Lehrkraft entspricht dem Motto „Get the grain size of big ideas right!" [8];
- Lernintentionen und/oder Erfolgskriterien möglichst gemeinsam konstruieren.[9] (Letzteres wird in Kap. 3.1.3. beschrieben.)

Was Lehrkräfte bedenken sollten:

- Nicht jede Stunde sollte mit einer Lernintention beginnen;
- es ist nicht immer nötig, explizit mitzuteilen, dass man die Lernintentionen vermittelt (nimmt Spannung);
- manchmal handelt es sich nicht um Lernziele, sondern um Lebenserfahrungen;
- manchmal gibt es nicht ein Ziel für die ganze Klasse (etwa das Erlernen einer chemischen Formel), sondern viele gleichwertige Ziele (etwa eine Gedichtinterpretation).

---

5 Definition nach WILIAM/LEAHY 2015, S. 31.

6 Vgl. ebd., S. 29–61.

7 Alle neueren Lehrbücher aus meinem Erfahrungsbereich führen schon seit Jahren neue Themen und Texte auf diese Weise ein. Vergleichen Sie auch meine Aufsätze aus den Jahren 2000 und 2001 zum Englisch- und Französischunterricht der Oberstufe mit Einstiegsideen in Literaturarbeit („pre-reading activities, exercices avant la lecture").

8 WILIAM/LEAHY 2015, S. 51.

9 Vgl. WILIAM 2018, S. 64.

Wie können Schüler/-innen zielgerichtete Gespräche im Unterricht führen, wenn ihnen die Zielsetzungen ihres Lernens gar nicht bekannt oder klar sind? Also ist es notwendig, dass die Lehrkraft sie durch einführende Unterrichtsgespräche sensibel und zielgerichtet lenkt. Bereits bekannte Ideen motivieren zusätzlich dazu, sich mit anderen auszutauschen.

3.1.2 Transparente Qualitätskriterien

IHRE ERFAHRUNGEN SIND WICHTIG
Welche Erfahrungen haben Sie mit Kompetenzrastern und Checklisten?
Welche fertigen Raster halten Sie für brauchbar?
Können die Lernenden an der Erstellung beteiligt werden?

1. Befragung, Aussage 17: Ich kenne die *Kriterien*, nach denen ich arbeite und nach denen ich bewertet werde. – *Ergebnisse*: Kl. 5: 1,9 (23. Stelle/29); Kl. 7: 2,57 (24. Stelle/29); Kl. 8: 3,25 (23. Stelle/29)
Analyse: Die Lernenden urteilen, dass sie die Arbeits- und Beurteilungskriterien nur unzureichend kennen. Hier ist offenbar größere Aufklärungsarbeit im Unterrichtsgespräch vonnöten.
3. Befragung, Aussage 5: Ich weiß, nach welchen *Kriterien* meine Beiträge beurteilt werden. – Ergebnis: Note 3,0 (15. Stelle/20)

Analyse: Ähnlich wie in der 1. Befragung (Abnahme mit zunehmendem Alter) siedeln die Lernenden ihr Urteil recht weit unten an. Das Verständnis der Beurteilungskriterien nimmt mit zunehmendem Alter eher ab. Gründe hierfür könnten sein, dass die Kompetenzen und Inhalte komplexer und/oder die Schüler/-innen kritischer werden, aber weniger Fragen stellen.

Bewertungskriterien nicht verstanden

Dass Aufgabenstellungen beziehungsweise Lernintentionen von den Schüler/-innen nicht verstanden werden, haben wir alle schon erfahren müssen, spätestens bei schlechten Ergebnissen. Häufig sind aber auch die Kriterien unklar, nach denen wir im Unterricht arbeiten, die wir für Feedback-Phasen während des Lernens benutzen und die wir zur Bewertung heranziehen. Dies erklärt zusätzliche Verunsicherungen, denen wir abhelfen können und müssen, um das Lernen unserer Schüler/-innen effektiver zu gestalten. Leider artikulieren sie ihr Bedürfnis nach Klärung im Allgemeinen nicht direkt.

Lernintentionen und Erfolgskriterien hängen eng zusammen. Zwar können sie teilweise gemeinsam im Gespräch konstruiert werden, dies kann jedoch kein demokratischer Prozess sein[10]: Die Basis bildet das fachdidaktische Grundverständnis der Lehrkraft; deshalb leitet sie das Gespräch.

Verstehen von Kriterien

Es ist dennoch notwendig, in einen solchen Austausch einzutreten, denn durch die Partizipation und die inhaltliche Auseinandersetzung *internalisieren* die Lernenden die *Intentionen und Kriterien.* Dadurch besteht eine höhere Chance auf deren erfolgreiche *Anwendung* beim Lernprozesse. Außerdem liegen die gemeinsam erarbeiteten Kriterien allen von Beginn an vor, sodass sie jederzeit ihre eigene Arbeit, oder die von Mitlernenden, in Feedbackphasen damit *abgleichen* können. Drittens verleiht die Transparenz *Sicherheit* und fördert eine „objektive" Einschätzung des Lernens. Viertens kann dieses Wissen dazu beitragen, dass beim Lernen mehr *Eigenverantwortung* übernommen wird.

Es ist zudem sehr wichtig, dass die Schüler/-innen die Kriterien und später auch die Abstufungen zwischen bestimmten Leistungsniveaus *verstehen.* Dies funktioniert am besten, wenn sie an der Entwicklung beteiligt sind – in Gesprächen und Aktivitäten. Brookhardt 2014 hat solchen Aktivitäten ein ganzes Buch gewidmet. Es gibt zwei verschiedene Zugangsweisen:

Erstellung von Kriterien

- *deduktiver Zugang:* Die Lehrkraft entwirft die Kriterien und Abstufungen von Leistung bei der Unterrichtsplanung selbst, sozusagen als Erwartungshorizont;
- *induktiver Zugang:* Die Kriterien und Stufungen werden schrittweise gemeinsam mit den Lernenden im Gespräch entwickelt.

Zur Entwicklung dieser Kriterienlisten können Workshops[11] durchgeführt werden, die alle Metadialoge über Lernen sind, z. B.:

- die Lehrkraft und ihre Schüler/-innen konstruieren gemeinsam Kriterienlisten (induktiv)

  Aus der Praxis: *Sie können im Gespräch mit den Lernenden Checklisten oder Raster erstellen. Dazu wird zunächst Vorwissen zusammengetragen und dann ergänzt, z. B. durch eine Definition aus einem Fachbuch und Hintergrundwissen der Lernenden und der Lehrkraft. So habe ich die Elemente einer guten Charakterisierung mit Lernenden der 10. Klasse Englisch erarbeitet: zunächst durch erste Ideen der Schüler/-innen, dann mithilfe einer Definition, dann durch Ergänzungen aus dem Gespräch.*

  Von den Schüler/-innen kamen in Metareflektionen (etwa im Rahmen einer Klassenarbeit) positive Rückmeldungen zu dieser Methode. Da sie sich einbringen und selbst die Informationen zusammentragen mussten, konn-

10 Vgl. Wiliam 2018, S. 64.

11 Vgl. Wilkening 2016, S. 115–116.

ten sie sehen, woraus sich die Bewertung zusammensetzt und was sie etwa bei Präsentationen zu beachten haben. Auf diese Weise konnten sie die Informationen auch besser im Gedächtnis behalten. Da sie ihre Mitschüler/-innen nach selbst erstellten Bewertungseinheiten beurteilten, mussten sie genauer hinsehen und wussten besser einzuschätzen, worauf gute Ergebnisse beruhten.

- Schüler/-innen konstruieren Kriterienlisten (deduktiv)
- Schüler/-innen verstehen Kriterienlisten
- Schüler/-innen „übersetzen" Kriterienlisten
- Lehrkräfte und Schüler/-innen nutzen fertige Kriterienlisten, z.B. im Lehrbuch

Praxisbeispiel: *In jüngeren Klassen mag es genügen, das Vorwissen der Lernenden – ggf. kombiniert mit Informationen aus dem Lehrbuch – im Klassengespräch zu erklären und Aspekte zu ergänzen. Im folgenden Beispiel haben wir ein solches Kriterienraster in Klasse 6 für Selbst-, Partner- und Lehrerfeedback benutzt. Auch durften es die Schüler/-innen während der Klassenarbeit einsehen, als sie eine neue Geschichte schreiben sollten. Es kam die Rückmeldung, dies habe ihnen sehr geholfen.*

Evaluation of stories, form 6c, September 2011. Tick: √
teacher evaluation? X
Self evaluation by ..X..........................
Peer evaluation by ..X..........................

	☺	😐	☹
Good title	II	I	
Exciting or funny introduction	I	I	I
Surprise or funny ending		III	
Lots of action	II		I
Many dialogues		III	
Many adjectives for descriptions	II		I
Connectives	I	II	
English vocabulary	I	II	
English grammar		I	II

Comment:
What is especially good? ....big fight........ending........
What could be better next time?
........sense?........handwriting........

Abb. 6: Kriterien aus Lehrbuch ergänzen, hier: Skala verwendet für Selbst-Partner- und Lehrerfeedback sowie für Klassenarbeit

- Lehrende schreiben detaillierte Kriterienlisten aufgrund der vorgegebenen Standards, die dann besprochen werden, nach denen Feedback gegeben wird, in denen die vorliegenden Leistungen markiert werden, mithilfe derer „live“ im Unterricht eine Schülerarbeit gemeinsam korrigiert wird oder anhand derer individuelle Ergebnisse überarbeitet werden können.
- Angefangene Kriterienlisten können für andere Kompetenzstufen weitergeschrieben werden.

Aus der Praxis: *Ich habe eine ausführliche Beschreibung (tabellarisch nach Themen) einer sehr guten Mitarbeit im Englischunterricht geschrieben, und die Lernenden haben dazu die sehr schlechte Mitarbeit ergänzt. Das war recht einfach, und auf diese Weise haben sie gleich die einzelnen Aspekte verinnerlicht.*

CLARKE[12] hat sich umfassend mit der *Erstellung von Erfolgskriterien durch Lernende* beschäftigt. Sie geht im Wesentlichen von fremden Beispielen – z. B. gesammelten Arbeiten aus vergangenen Schuljahren – aus, anhand derer die Kriterien, ggf. im Vergleich, entwickelt werden.[13] Dies kann mit Arbeiten von unterschiedlicher Qualität erfolgen – wobei der Qualitätsvergleich, die einzelnen Abstufungen, besonders zur Diskussion einladen –, aber auch mit exzellenten oder ganz schwachen Beispielen (s. auch Kap. 2.8.).

Kriterien in Entwicklung

Lernende und/oder Lehrende können *Kriterienraster zu allen fachlichen und überfachlichen Skills* erstellen, z. B. auch zu personalen Kompetenzen (Selbsteinschätzung) oder zu sozialen Kompetenzen (s. Abb. 5, S. 45 f.), zu Gruppenarbeit oder zu Klassenregeln (s. Kap. 2.5.). Alle Kompetenzen können nach einem zeitlichen Abstand nochmals eingeschätzt und Veränderungen besprochen werden.

Im Folgenden seien einige gängige Möglichkeiten erklärt, Erfolgskriterien und Raster zusammenzustellen. Ausführlichere Angaben mit vielen Beispielen finden sich in der Literatur zu Feedback.[14]

Anhand von *Checklisten* kann schnell und übersichtlich überprüft werden, ob Einzelelemente vollständig erwähnt wurden oder Schritte bei der Verwendung einer Methode in der richtigen Abfolge stehen. Die Auflistung zeigt, inwieweit die Lernenden eine entsprechende Stufe erreicht haben.

12 Vgl. CLARKE 2014[7], S. 92ff.

13 Vgl. auch WILIAM 2018, S. 74ff.: „Strengths and Weaknesses Discussion, Model Papers, What Not To Write“.

14 Vgl. etwa WILKENING 2016, S. 107–115.

Aus der Praxis: *Ich denke in meinen Fächern z. B. an Hör- oder Leseverstehen: Meine Checkliste der erwarteten Inhaltspunkte, die ich selbstverständlich der korrigierten Arbeit beilege, zeigt transparent, wie diese jeweilige Fertigkeit von den Lernenden beherrscht wird (s. a. Kap. Selbstfeedback).*

Holistische Einschätzungsskalen zählen einige wesentliche Einzelelemente auf und erlauben dazu die Angabe, zu welchem Grad (Quantität, z. B. 2, 3, 4 Nennungen) oder wie gut (Qualität, z. B. J, K, L) die Aufgabe erledigt wurde. Dabei handelt es sich zwar um recht oberflächliches Feedback, die Listen bzw. Skalen können jedoch schnell gemeinsam zusammengestellt und jederzeit als Kriterien zur Orientierung und für schnelles, formatives Selbst-, Partner- und Lehrerfeedback verwendet werden.

Analytische Einschätzungsraster sind im Gegensatz zu den bereits genannten sehr komplex. Sie beschreiben angestrebte Outcomes in mehreren Indikatoren, die ihrerseits wiederum nach Performanz gestuft sind. Eines der vielen Beispiele ist der *Gemeinsame europäische Referenzrahmen für Sprachen* von 2001: Mithilfe seiner beispielhaften Raster sind sprachliche Kompetenzen nach sechs Niveaus gestuft; auf dieser Basis können einzelne Kompetenzbeschreibungen aus den Bildungsstandards für eine bestimmte Jahrgangsstufe angepasst werden.

Aus der Praxis: *Ich habe für eine mündliche Klassenarbeit im Anfängerunterricht Französisch ein sich am GeR orientierendes, ausführliches analytisches Raster mit den Indikatoren „Aussprache/Intonation, Wortschatz/Grammatik; Flüssigkeit/ Zusammenhang/Spontaneität, Aufgabenerfüllung/Inhalt" übernommen und mit den Lernenden besprochen. Wir haben dann mit einer vereinfachten holistischen Einschätzungsskala dazu im Unterricht geübt (Selbst-, Partner- und Lehrerfeedback) und diese auch in der Prüfung benutzt. Die Zweitprüferin hat zusätzlich ergänzende Angaben protokolliert.*
Nach der Prüfung habe ich die angekreuzten Leistungsniveaus mit den qualitativen Aussagen der Zweitprüferin in die analytischen Raster zurück übertragen. Einige Ergänzungen der Zweitprüferin habe ich im Gutachten vermerkt (z. B. Aussprache: Probleme bei den Nasalen); Prüflinge und ihre Eltern erhielten diese „Gutachten" mit Noten, daran schlossen sich teilweise Gespräche an.
Diese kombinierte Vorgehensweise hat unser Übungs- und Prüfungsverfahren vereinfacht.

Die zum Eingang des Kapitels zitierten Befragungen bestätigen uns die beunruhigende Nachricht, dass unsere Schüler/-innen kaum wissen, nach welchen Kriterien ihre Arbeiten beurteilt werden. Allein dies verursacht große Unsicherheit beim Lernen. Also muss diese Leerstelle gemeinsam mit den Lernenden gefüllt werden. Es bieten sich vielfältige Gesprächsmöglichkeiten an, diese Kriterien gemeinsam auf- bzw. auszubauen. Wenn sie dann „internalisiert" sind, können die Schüler/-innen sich mit ihrer Hilfe im Lernprozess auf verschiedene Weisen darüber austauschen. Dadurch gewinnen sie Sicherheit beim Lernen, und dies ist die Grundlage von Selbstverantwortung im Lernprozess.

3.1.3 Allgemeine Standards und exemplarische Lernaufgaben

„Lernende erhöhen ihr Engagement um das 1,6-fache, wenn sie in eine Aktivität einbezogen sind."[15]

IHRE ERFAHRUNGEN SIND WICHTIG
Welche Erfahrungen haben Sie mit dem Transfer von Fertigkeiten auf andere Situationen gemacht?

Aus der Praxis: *Stellen Sie sich vor, Sie unterrichten Kommasetzung. Sie gehen davon aus, dass Ihre Lernenden diese nun verinnerlicht haben. In der nächsten Woche tritt der Geschichtslehrer auf Sie zu und klagt, dass die Schüler/-innen die Kommasetzung nicht beherrschen …*
Ein anderes Beispiel: Die Lernenden erhalten die Aufgabe, einen Freund zu beschreiben. Sie konzentrieren sich auf die Eigenschaften des jeweiligen Freundes. In der Klassenarbeit sollen sie ihre Mutter charakterisieren. Dies geht völlig schief, da sie die Elemente einer guten Charakterisierung nun auf eine andere Person übertragen müssen.
Oder meine letzte Englischklausur. Wir haben schriftliche Erörterungen anhand von „fast food" und „fast fashion" geübt. Die Elemente einer schriftlichen Diskussion wurden zusammengestellt und in Übungsaufsätzen zu diesen Themen immer wieder angewendet. In der Klausur lautete das Thema „slow fashion". Ein Schüler schrieb eine Erörterung zu „fast fashion" …
Lernende müssen in der Lage sein, von einer speziellen Situation oder Aufgabe zu abstrahieren und erworbene Fertigkeiten bzw. Kompetenzen auf ähnliche Situationen oder Aufgaben zu übertragen, denn nur dann zeigt ihr

15 Calderon 2017.

Lernen lebenslange Wirkung. Unsere Gehirne sind jedoch nicht sehr gut darin, eine Transferleistung von einem Inhalt hin zum anderen anderen, von einem Fach auf das andere zu leisten. Lernende neigen deshalb dazu, den konkreten Inhalt (z. B. Umweltverschmutzung) überzubetonen, und verstehen oft nicht, welche Fertigkeit sie dabei eigentlich lernen (z. B. schriftliche Erörterung eines Themas). Sie ziehen häufig den Fehlschluss, dass die erlernte Fertigkeit nur in diesem einen Kontext vorkomme.[16]

Skills sind wichtiger als Inhalte

Folglich müssen Inhalte und Fertigkeiten *voneinander getrennt werden.* Lernende müssen explizit auf die übergreifende Kompetenz und den Transfer, den sie verüben sollen, hingewiesen werden und diese im gelenkten Gespräch *explizit* verstehen (z. B. die Charakterisierung einer Person schreiben). Außerdem müssen sie die jeweilige Fertigkeit so oft wie möglich *in einem anderen Kontext* üben; dabei kann es sinnvoll sein, die Erfolgskriterien sukzessive in verschiedenen Stunden einzuführen (spiralförmiger Aufbau der Kompetenz) und umzusetzen. WILIAM/LEAHY sprechen von „process success criteria", die den Prozess des Einübens dieser Erfolgskriterien auf kleinere, leichter handhabbare Schritte verteilen.[17]

Aus der Praxis: *Beispielsweise besprechen wir Charakterisierungen. Zunächst geht es um das äußere Erscheinungsbild. Dafür sammeln wir geeignete Ausdrücke in der Fremdsprache, die dann in Kategorien gefasst werden. Wir üben an verschiedenen Personen. – In der nächsten Stunde geht es um Worte und Taten von literarischen Figuren. Neue Kategorien erweitern unsere Liste.*

Hilfreich ist es, Lernaktivitäten und -kontexte von Lernzielen bzw. Bildungsstandards und deren Erfolgskriterien aus zu planen. Denn dadurch wird die allgemeinere Kategorie deutlicher, und man kann leicht noch weitere Aktivitäten planen, die diese verdeutlichen. In der englischen Fachliteratur findet man viele Beispiele, wie die angestrebte Fertigkeit („key skill", z. B. eine Karte lesen können), bei uns die erwartete Kompetenz, mit der lang- und kurzfristigen Planung einer Lernaufgabe verbunden werden kann (z. B. unseren Kreis bzw. unsere Stadt auf der Karte lokalisieren können).[18]

Im Falle des Geschichtslehrers und der Kommaregeln ist fächerübergreifendes Lernen gefragt. Die schon bekannten Kompetenzen aus dem einen Fach müssen im Gespräch reaktiviert und ggf. durch weitere ergänzt werden, die im neuen Kontext relevant sind.

16 Vgl. CLARKE 2014[7], S. 82.

17 Vgl. WILIAM/LEAHY 2015, S. 37.

18 Vgl. CLARKE 2014[7], S. 82.

Im Falle der Charakterisierung von Freunden müssten die schon bekannten sprachlichen Mittel auf typische Eigenschaften von Erwachsenen erweitert werden, damit den Lernenden der Transfer leichter fällt.

Unsere Schüler/-innen orientieren sich gern an Inhalten und an Aktivitäten dazu; dabei geht häufig die übergreifende Kompetenz verloren. Wenn wir jedoch zuerst über die Kompetenz ins Gespräch kommen, können wir diesem Problem abhelfen; gleichzeitig gewinnen unsere Schüler/-innen durch diese Metagespräche „den großen Überblick" und damit mehr Sicherheit beim Lernen.

3.1.4 Aktionsforschungsstudie: Allgemeine Lernkontexte und exemplarische Lernaufgaben

Zu meiner oben angeführten Unterrichtseinheit (schriftliche Erörterung zu „slow/fast fashion") habe ich in meiner Klasse eine Aktionsforschungsstudie angelegt und durchgeführt.[19] Die „schriftliche Erörterung" ist im Fach Englisch eine der im Fachabitur der 12. Klasse umzusetzenden Kompetenzen, die Thematik „Globalisierung" ist ebenfalls vorgegeben. Die inhaltlichen Erfolgskriterien und die Kompetenz werden in unterschiedlicher Weise aufgebaut und in diversen Sozialformen geübt. Gespräche sind die Grundlage, darauf folgt dann das Schreiben.

Im Einzelnen sieht der Aufbau folgendermaßen aus:

- Wir sammeln Pro und Kontra zum Thema „*fast food* aus aller Welt".
- Zum Aufbau der Kompetenz „schriftliche Erörterung" erarbeiten wir zunächst, aus welchen Teilen eine solche Erörterung bestehen soll.
- Anschließend wählen die Lernenden zur Übung eines der gesammelten Argumente aus und schreiben einen Absatz dazu.
- Wir besprechen die Struktur von Einleitungen und Schlüssen (auf Basis des Vorwissens der Lernenden und meiner Ergänzungen.): Weiterentwicklung der Kompetenz.
- Die Lernenden schreiben ihre Einleitung und ihren Schluss: Kombination von Inhalt und Kompetenz.
- Danach üben sie selbstständig an einem vorstrukturierten Essay zur Globalisierung in der Autoindustrie: Sie müssen dabei auch einen zusammenhängenden Mittelteil schreiben.

19 Vertiefende Informationen zur Aktionsforschung von Lehrenden in ihrem eigenen Unterricht finden sich bei Altrichter/Posch 2007.

- Eine Schülerin hat einen guten Text geschrieben, zu dem die Mitlernenden nun Anfang und Ende schreiben. Zur stilistischen Verbesserung werden Verbindungs- und Übergangsphrasen eingefügt.
- Nach diesen Probeläufen bearbeiten wir verschiedenartige Texte zur Globalisierung in der Mode. Für die nun folgende schriftliche Erörterung haben die Lernenden ausreichend sprachliches und inhaltliches Material; die Kompetenz ist bereits in Teilen geübt und kann weiter aufgebaut werden.
- Wir stellen an der Tafel nochmals alle nun durch vielfältige Übungen bekannten Erfolgskriterien zusammen, nach denen die Lernenden vorgehen sollen.
- Sie schreiben einen *argumentative essay* über *fast fashion.*
- Ihr Essay wird im Rahmen einer Schreibkonferenz von Mitlernenden gelesen, mit den Kriterien abgeglichen und mit Anmerkungen versehen.
- Danach nehme ich die Essays mit und ergänze noch notwendige Anmerkungen.
- In der Folgestunde schreiben die Lernenden ihren Essay vollständig oder teilweise noch einmal, dabei berücksichtigen sie das Partner- und Lehrerfeedback (schriftlicher Lerndialog).
- Auch die zweiten Versionen nehme ich mit, um zu prüfen, ob die Texte auf Grundlage des Feedbacks optimiert wurden. Ich muss leider feststellen, dass noch einiger Übungsbedarf besteht, diese Änderungsvorschläge aus den formativen Feedbackphasen dann auch wirklich vorzunehmen …
- Für die Klausur wurde schon zu Beginn der Unterrichtseinheit ein *argumentative essay* angekündigt. Ergebnis: Bei den meisten zeigt sich, dass engagiertes Üben der Zielkompetenz „schriftliche Erörterung“ anhand von inhaltlich sehr unterschiedlichen Aufgaben Früchte trägt.
- Nachbereitung der Klausur: Aus den Klausuren schreibe ich mehrere Teile heraus und lege sie den Lernenden zum Partnerfeedback vor, denn Fehler und Missverständnisse sollen ja eine Chance zum Weiterlernen sein. Vorgabe ist, sich wiederum an den bekannten Kriterien zu orientieren und daraus ein wertschätzendes, hilfreiches, nach vorn schauendes Feedback zu formulieren.
- Diese ausformulierten Tipps wiederum sammele ich ein und gebe sie – nach kritischer Durchsicht – an die ursprünglichen Schreiber/-innen weiter, damit sie ihre Arbeiten an ausgewählten Stellen optimieren können.
- Für gute, d. h. kriterienorientierte Tipps der Feedback-Geber notiere ich mir eine positive mündliche Leistungsnote.

Stellen wir uns vor: Lernintentionen, Kompetenzen, Qualitätskriterien sind unseren Lernenden durch Metagespräche bekannt. Was fehlt ihnen dann noch? Es ist die praktische Anwendung dieser Intentionen, Kompetenzen, Kriterien beim Entstehen ihrer Arbeiten. Das bedeutet, dass nicht nur ein „Monolog" mit der eigenen Arbeit und ein „stummer Dialog" mit den Qualitätskriterien, sondern auch die Umwälzung mit anderen in vielfältigen mündlich und schriftlich angeleiteten Gesprächen erfolgen soll. Und führen diese guten Gespräche dann letztlich zu Optimierungen? Mir sind diesbezüglich inzwischen zwei Dinge ganz bewusst geworden: erstens, dass diese Gespräche sofort erfolgen müssen und zweitens, dass sie und ihre Konsequenzen in allen Stadien eng von mir geleitet werden müssen.

3.1.5 Wo stehen die Schüler/-innen beim Lernen?

IHRE ERFAHRUNGEN SIND WICHTIG
Wie wichtig erscheint es Ihnen, das Vorwissen der einzelnen Lernenden zu erfragen?

Die zweite Strategie des formativen Lernprozesses lautet „eliciting evidence of learning". Damit ist gemeint, dass die Lehrkraft das Vorwissen und die Vorerfahrungen der Lernenden eruieren sollte. Außerdem sollte sie fest stellen, wie weit diese in ihrem aktuellen Lernprozess bereits sind.[20] Auf Grundlage des Dialogs wird die Planung den Lernbedürfnissen flexibel angepasst.

Dieses Kapitel bildet ein Scharnier zwischen Planung und Durchführung: Bei der Durchführung stellt die Lehrkraft durch Gespräche fest, welche Fortschritte die einzelnen Lernenden bereits gemacht haben und wo es noch Missverständnisse oder Lücken gibt, die aufgegriffen werden müssen.[21] Das Thema ist aber auch mit der Rückmeldung verknüpft, denn diese findet nach dem formativen Lehrkonzept mehrfach während der Durchführung statt. Ich gehe im Folgenden nur auf einige neuere Ideen ein.

Eine interessante alternative Fragetechnik sind Fragen zum Weiterlernen. In der formativen englischsprachigen Fachliteratur werden sie als „hinge

20 Vgl. WILIAM 2018, S. 83

21 BEYWL 2014, S. 29, bezeichnet den Dialog mit den Lernenden über das, was bei ihnen tatsächlich ankommt, als eine „wenig erschlossene Goldmine". Mit diesem Dialog könnten die Wirkungen des Unterrichts klarer gesehen, eigenes Handeln ggf. optimiert werden.

questions“ bezeichnet.[22] Es handelt sich dabei um Fragen bzw. Impulse, welche die Lehrkraft speziell für eine Unterrichtssequenz vorformuliert: Sie fungieren als „Scharnier“ *(hinge)*, mit dem man feststellen möchte, ob die Lernenden das Thema verstanden haben und der Unterricht voranschreiten kann. Diese Fragen können an jedem Punkt des Unterrichts gestellt werden: zum Einstieg, um das Vorwissen zu eruieren, mittendrin, um den Lernfortschritt festzustellen, zum Ende hin, um Lernerfolge oder -schwierigkeiten aufzuzeigen. Sie haben eine besondere Bedeutung für den Dialog während des Lernprozesses: Erstens geben Lernende ihre Antwort und haben dabei ihre *Begründung* im Hinterkopf, die sie dann im Gespräch näher erläutern; zweitens sind diese Fragen zwar *diagnostischer Art*, laden jedoch zum fachlichen Gespräch ein.

Deshalb trägt die Lehrkraft bei der Formulierung dieser Impulse eine besonders große Verantwortung. Sie trifft aufgrund der allgemeinen Lernintentionen bzw. Vorgaben der Bildungsstandards zunächst Planungsentscheidungen und überlegt anschließend, welche Daten dazu über die Lernenden erhoben werden können. Die formative Unterrichtspädagogik nennt dies „decision-driven data collection“ (im Gegensatz zu „data-driven decision making“, einer reinen Ansammlung von Daten, die nicht zum Lernen genutzt werden).[23]

Solche Fragen zu formulieren ist nicht ganz einfach. WILIAM[24] gibt uns einen m. E. wesentlichen Tipp: „Make sure that the question the teacher is asking is *cognitive* rather than affective … that it is asking about *thinking*, not a feeling.“ Er schlägt vor, dass die Frage zum *Denken* anregen sollte. Nur dadurch kann das Lernen in den Mittelpunkt rücken, können beim Lernen gute Gespräche entstehen. Die folgenden Beispiele habe ich für unseren Unterricht entsprechend angepasst.

- Die Lehrkraft schreibt eine Aussage an[25], die einen Fehler / ein Missverständnis enthält. Die Lernenden korrigieren dies, und es entspinnt sich ein Gespräch darüber.

  Praxisbeispiel Deutsch: *Der falsch geschriebene Satz lautet: „Ich glaube das das nicht richtig ist.“ Die Wortarten der beiden „das“ müssen erklärt werden, ebenso die Regeln der Kommasetzung.*
- Erweiterungsmöglichkeit: Die Anzahl der Optionen wird ausgedehnt, sodass im Gespräch begründet eine Wahl getroffen wird.

22 WILIAM 2018, S. 117ff..
23 Ebd., S. 47.
24 Ebd., S. 101ff.
25 Vgl. ebd., S. 121–122.

Praxisbeispiel aus meinem Französischunterricht: Ich führte den ersten Konditionalsatztypus mit folgenden drei Sätzen ein, die ich den Lernenden zur (begründeten) Entscheidung übergab:
A: S'il pleut cet après-midi, je reste à la maison.
B: S'il pleut cet après-midi, je resterai à la maison.
C: S'il pleuvra cet après-midi, je resterai à la maison.
Erstaunlicherweise fanden sich die Lernenden in drei etwa gleichgroßen Gruppen zusammen. Jede Gruppe sollte Begründungen für ihre Wahl finden, die dann der Großgruppe präsentiert wurden.*

- Die Lehrkraft kann auch Distraktoren in den Antwortenkatalog einbringen[26], die in ein fachliches Gespräch münden:

Praxisbeispiel Geschichte:
Im Wilhelminischen Kaiserreich wurden Gymnasiasten
A: zu moralischem Engagement und kritischem Denken erzogen.
B: zu Soldaten ausgebildet.
C: auf ihre Funktion als nationale Deutsche vorbereitet.

- Bei jüngeren Lernenden können Finger benutzt werden[27].

Praxisbeispiel, von mir auf das Fach Deutsch übertragen: *„Weiß wie Schnee, grunzen, himmelhochjauchzend, Fischers Fritze fischt frische Fische, wauwau, die Sonne lacht." Aufgabe: „ein Finger für Alliteration, zwei für Hyperbel, drei für Lautmalerei, vier für Personifikation, fünf für Vergleich". Alternativ kann vereinbart werden, dass die Wahl mit bestimmten Zahlen oder Farben erfolgt.*

- Ebenfalls für Jüngere[28] kann eine Entscheidungsfrage gestellt werden, die mit „Daumen hoch/runter" beantwortet werden kann.

Praxisbeispiel Erdkunde: *Dreht sich die Erde in 24 Stunden um ihre eigene Achse?*

- Oder es werden zwei gegenteilige Meinungen präsentiert.

Praxisbeispiel Biologie. *„Warum meinen viele, dass Obst und Gemüse gesund sind und Fett ungesund?*

- Man kann auch die Antwort auf eine Frage geben, die die Lernenden herausfinden sollen.

Praxisbeispiel Mathematik: *„Die Summe zweier Nebenwinkel ergibt immer 180 Grad."*

- Auch ein gegenteiliger bzw. absurder Standpunkt kann fruchtbar für die Diskussion sein.

---

26 Vgl. WILIAM/LEAHY 2015, S. 92.
27 Vgl. WILIAM 2018, S. 44.
28 Vgl. CLARKE 2014[7], S. 54–63.

Praxisbeispiel Sozialkunde: *„Ein Einbrecher rechtfertigt seine Handlungen. Wie könnten seine Argumente lauten?“*

Praxisbeispiel Deutsch und Fremdsprachen: Vorgegeben wird die letzte Zeile eines Gedichts oder der letzte Satz einer Geschichte. Die Lernenden (re)konstruieren den Rest.

Außerdem kann auch eine Aussage einen Gesprächsimpuls setzen[29]:

Praxisbeispiel Physik: *„Jeder Körper verharrt in seinem momentanen Bewegungszustand, wenn er nicht durch Kräfte gezwungen wird, dies zu ändern.“*

Individuelle Lernstände erkennen

Derartige Impulse involvieren alle Lernenden in der Gruppe. Sie bewegen sie zu persönlich begründeten Meinungen und führen zu Gesprächen über die Thematik. Letztere können zunächst vorbereitend mit Mitlernenden erfolgen. Probleme können im Gespräch gelöst, Erfolgskriterien (z. B. Regeln für Stilmittel im Deutschen) anhand der Impulse identifiziert werden. Die Lehrkraft kann die Ergebnisse schnell auswerten und für ihr weiteres unterrichtliches Vorgehen nutzbar machen. Auf dieser Basis kann sie individuell differenziert auf den jeweiligen Wissensstand eingehen: Beispielsweise kann sie Lernende, die leicht die richtigen Antworten/Wege erfassen, darauf aufbauend weiterarbeiten lassen, oder denjenigen Erklärungen geben, die sich schwerer tun. Anhand einer Erklärung nachzuvollziehen, warum nur diese und nicht jene Antwort möglich ist, setzt ebenfalls ausgeprägte kognitive Fähigkeiten voraus. Andere Lernende können mithilfe der Lehrkraft und ihren unterstützenden Materialien selbst zu den Lösungen hingeführt werden. Es gibt viele Wege …

Ähnliche Verfahrensweisen können auch zum *Abschluss einer Stunde oder eines Themas* durchgeführt werden: Wiliam[30] schlägt vor:

- Lernende *sammeln in Gruppen Fragen,* die dann schon dort oder aber im Plenum diskutiert werden können. Dadurch üben die Lernenden im geschützten Raum, konkrete Fragen zu stellen.
- *Protokoll:* Ein Schüler protokolliert die Stunde und berichtet am Ende, beantwortet ggf. Fragen, stellt ggf. Fragen an die Mitlernenden.

Es ist empfehlenswert, weiterführende Fragen bzw. Impulse intensiv zu planen und gute Fragestellungen im Fachkollegium zu diskutieren und auszu-

29 Vgl. Wiliam 2018, S. 122.

30 Vgl. ebd., S. 161–163.

tauschen. Dadurch werden sie zu einem entscheidenden Teil unseres Unterrichts, durch den wir das Lernen unterstützen.[31]

Häufig fragt sich die Lehrkraft, *wo* die einzelnen Lernenden in ihrem Wissen, Können, Verstehen bzw. Missverstehen stehen. Kann sie dies in Gesprächen feststellen, an denen idealerweise alle Lernenden aktiv beteiligt sind?[32] Ja, sie kann Impulse sorgfältig planen, die alle zum Denken und zum gegenseitigen Austausch verleiten. Dadurch werden die Schüler/-innen besonders motiviert, weil sie feststellen, dass es nicht um eine sofortige „richtige" Antwort geht, sondern um ihre Bereitschaft, ihr eigenes Verständnis zu thematisieren.

3.2 Durchführung von Lernprozessen im Dialog

3.2.1 Grundlagen eines effektiven Dialogs

IHRE ERFAHRUNGEN SIND WICHTIG
Welche sind Ihrer Ansicht nach wichtige Voraussetzungen für gute Gespräche?

Nachdem wir den Einsatz der „besonderen" Fragen zur Überprüfung des individuellen Lernstands betrachtet haben, sollen nun zusammenfassend einige allgemeine Voraussetzungen für effektive und ineffektive Gespräche aufgezeigt werden. Dies kann in bündiger Form erfolgen, da diese Aspekte im gesamten Buch angesprochen werden.

Voraussetzungen für gute Gespräche beim Lernen sind:

- die hohe *professionelle Kunst* der Lehrkraft, Frage- und Denkimpulse zu geben und die Entwicklung im Gespräch entsprechend zu *leiten* (s. Kap. 3.1.5.)
- das empfängliche *Klassenklima* (s. Kap. 2.5.)
- die *offene Denkhaltung* (s. Kap. 2.2.–2.4.)
- *personale und soziale Kompetenzen* von Lernenden (s. Kap. 2.4.). Durch die Gelegenheit, fachliche Gespräche mit verschiedenen Mitlernenden zu führen, eröffnet sich ihnen eine *größere Bandbreite* an Lernerfahrungen. Das bildet auch ihre personalen und sozialen Kompetenzen weiter.

31 BLACK et al. 2004, S. 12: „The questions themselves then become a more significant part of teaching, with attention focused on how they can be constructed and used to explore and then develop students' learning." Hier hebt BLACK die Bedeutung von vorher geplanten Fragestellungen hervor, die Lernstände untersuchen und weiterentwickeln.

32 Vgl. ebd., S. 13.

- *Zeit* zum Nachdenken und zum Diskutieren. Nach Black beträgt die durchschnittliche Wartezeit weniger als *eine Sekunde.* Danach fragen Lehrkräfte weiter bzw. beantworten ihre erste Frage selbst. Die DESI-Studie 2006 spricht von drei Sekunden. Der Gesprächsanteil der Lehrenden wiederum ist im Durchschnitt doppelt so hoch wie der aller Lernenden zusammen. Black führt weiter aus, dass aufgrund der kurzen Wartezeit nur eine reine Wiedergabe von Fakten oder Kurzantworten möglich sei. Der Dialog bleibt also auf einer *oberflächlichen* Ebene. Räumt die Lehrkraft eine längere Wartezeit ein, ist das zwar anfangs für die Lernenden ungewohnt. Mit der Zeit merken sie jedoch, dass eine *tiefgründige* Antwort von ihnen erwartet wird. Dies braucht Gewöhnungszeit, führt aber zu mehr Engagement in den Gesprächen beim Lernen und schrittweise auch zu längeren und fundierteren Antworten (s. a. Kap. 3.1.5.).[33]
- Ggf. müssen *Erfolgskriterien für gute Gespräche und gutes Zuhören* im Plenum zusammengestellt werden (s. a. meine Übungen für gute Feedbackgespräche in *Praxisbuch Feedback*[34]). Die Kriterien können helfen, die Güte der Gespräche in einem Metagespräch zu thematisieren.
- Voraussetzungen für *Partnergespräche:* Gesprächspartner haben *gleiches Hintergrundwissen* (z. B. der zu Hause geschriebene Aufsatz); Aufgabe und Thema für das Partnergespräch sind *klar und transparent*; das Gespräch ist eng auf eine Fragestellung *begrenzt.* Wichtig ist es in jedem Fall, die Gespräche nach der Partnerphase im Großgruppengespräch *zusammenzuführen.* (s. a. Kap. 3.3.6.–3.3.8.)

***Aus der Praxis:** „Hausaufgabe/Stundenaufgabe“*
Um sicherzugehen, dass sich alle am Sprechen beim und über das Lernen beteiligen, bitte ich meine Lernenden, dass sie über die Gedanken/Argumente/Texte des oder der anderen berichten oder einen Aspekt herauszugreifen (wie etwa: „Was fandest Du in dem Text Deines Nachbarn am wich-

33 Vgl. Black 2004, S. 11; Klieme 2006, S. 6.

34 Wilkening 2016, S. 47–49. Hier finden sich Kopiervorlagen: eine für Grundschüler/-innen mit konkreten Situationen oder Definitionen, um elementare Feedbackbegriffe näherzubringen. Des Weiteren gibt es zwei Kopiervorlagen für Schüler/-innen der Sekundarstufe I mit schlecht gemachtem Feedback, dem die Lernenden Begründungen für die schlechte Qualität zuordnen und dann das Feedback mithilfe von vorgegebenen Satzanfängen verbessern; in der anderen Kopiervorlage üben die Lernenden das Feedback-Empfangen, indem sie hilfreiche und nicht hilfreiche Reaktionen angeleitet beurteilen. Oberstufenschüler/-innen schließlich erhalten eine Tabelle mit Definitionen und Beispielen zu Feedbackbegriffen und überlegen, wie die Rückmeldung ihr Lernen fördert.

tigsten / am interessantesten und warum?"). Dies erhöht die Aufmerksamkeit, stärkt die kognitive Leistung und bringt die Ideen der einzelnen Schüler/-innen in der Klasse zu Gehör: Auf diese Weise werden die Ideen wertgeschätzt und alle waren aktiv.

Es ist ganz wesentlich, dass die *Lehrkraft* alle Gesprächstugenden *selbst* demonstriert, z. B. indem sie den Lernenden im Anschluss an die Impulse eine entsprechende Wartezeit einräumt. Ihre Reaktion in der jeweiligen Gesprächssituation ist von zentraler Bedeutung für die Gesprächsbereitschaft und Reaktion der Lernenden (*Backwash*-Effekt).[35]

Häufig meinen Schüler/-innen, sie könnten gute Gespräche ohne Anleitung führen, und häufig überschätzen wir unsere Schüler/-innen dabei. Es kann zu unerwünschten emotionalen Reaktionen kommen oder aber die Gespräche führen aus verschiedensten Gründen nicht zum Lernen. Deshalb sollten wir unsere Chance wahrnehmen, Rahmenbedingungen und Inhalte gewinnorientiert zu steuern.

3.2.2 Ineffektive Gespräche vermeiden

IHRE ERFAHRUNGEN SIND WICHTIG
Welche Gesprächstechniken sind Ihrer Ansicht nach nicht lernförderlich?

Aus der reichhaltigen pädagogisch-didaktischen Literatur über ineffektive Gesprächstechniken stelle ich hier einige Impulse zusammen, die beschreiben, was eher vermieden werden sollte. Dabei greife ich vor allem auf Brown und WILIAM/LEAHY[36] zurück.

Problematisch ist es, wenn die Lehrkraft
- zu viele Fragen auf einmal stellt;
- die eigenen Fragen selbst beantwortet;
- nur sehr schwierige oder leichte Fragen stellt;
- eine schwierige Frage zu früh stellt;
- irrelevante Fragen stellt;

35 Vgl. COWIE 2005, S. 150.

36 Vgl. WILIAM/LEAHY 2015, S. 73: Sie zitieren hier eine noch immer aktuelle Forschungsstudie von BROWN/WRAGG 1993 und fügen eigene Gedanken zu Fragestellungen hinzu.

- immer wieder dieselben Arten von Fragen stellt;
- geschlossene Fragen stellt, die nur kurze Fakten zur Antwort haben und kein tieferes Nachdenken und Diskutieren erfordern;
- falsche Antworten grundsätzlich nicht verbessert (oder aber ununterbrochen verbessert[37]);
- den Lernenden beim Antworten nicht bewusst zuhört;
- die Antworten nicht nutzt, um den Unterricht darauf aufzubauen;
- aus den Antworten keine Schlüsse für den weiteren Unterricht zieht;
- „wertend" zuhört („kommt die Antwort, die ich hören möchte?").

Stellt die Lehrkraft also beispielsweise mehrere Fragen nacheinander, so haben die Lernenden gar keine zeitliche Möglichkeit zu antworten; außerdem verlieren sie jegliche Motivation. Sie fühlen sich als Gesprächspartner/-innen nicht mehr ernst genommen. Dies ist auch bei allen anderen ineffektiven Fragemethoden der Fall. Deshalb ist es immer wieder so notwendig, dass sich die Lehrkraft bei ihren Fragen kontrolliert. Nur so können gute Gespräche zustande kommen.

3.3 Rückmelden von Lernprozessen im Dialog

3.3.1 Feedbackdialoge – Lernforschung und Rolle im Lernprozess

Alle Worte und Taten sind Feedback

Zunächst müssen wir uns darüber klar sein, dass *jedes Gespräch in jeder Lebenssituation Feedback* an den gibt, mit dem man es führt. Das bezieht sich auch auf nonverbale Signale, die – wie Worte – häufig falsch interpretiert werden, dennoch aber nicht immer zu einem klärenden Gespräch führen. Daraufhin potenzieren sich die Missverständnisse …

Auf den Unterricht bezogen könnte der Schüler, der etwas nicht verstanden hat, der Lehrkraft signalisieren, dass die Aufgabenstellung nicht deutlich genug gestellt war (Feedback an die Lehrkraft); die Schülerin, die ihre eigene Arbeit nach den Qualitätskriterien prüft, könnte feststellen, dass sie gar nicht alle Punkte beachtet hat (Selbstfeedback); die Mitglieder einer Gruppe könnten einem von ihnen durch ihre Reaktionen signalisieren, dass sein Verhalten nicht förderlich für das gemeinsame Produkt ist (Partnerfeedback). Oder ein Schüler lacht oder weint durchgängig im Unterricht. Ohne Gespräch zieht jede/r andere Schlüsse daraus …

37 Aus dem Nähkästchen geplaudert: Mein Englischlehrer hat mindestens dreimal einen Satz von Schüler/-innen zur Korrektur unterbrochen; das Ergebnis, was die Beteiligung an Gesprächen anbelangt, können Sie erraten.

Wir alle haben erfahren, dass in Pandemiezeiten persönliche Beziehungen, und dabei auch Rückmeldegespräche zu Lernprozessen, sehr stark in den Vordergrund treten und noch an Bedeutung für die Lernmotivation gewinnen. Hierbei geht es um den Austausch mit Lehrkräften wie mit Mitlernenden.

IHRE ERFAHRUNGEN SIND WICHTIG
Welche Elemente sollte gutes Feedback unbedingt beinhalten?

Was sagen unsere Schüler/-innen zu Feedback?

1. Befragung, Aussage 19: Ich bin froh, wenn mir die Lehrkraft Feedback gibt und ggf. Veränderungsvorschläge macht, damit ich es besser machen kann. – *Ergebnisse*: Kl. 5: 1,4 (5. Stelle/29); Kl. 7: 1,6 (3. Stelle/29); Kl. 8: 2,37 (10. Stelle/29)

Analyse: Feedback der Lehrkraft rangiert in allen Klassenstufen auf den vorderen Plätzen; in der Pubertät wird es etwas unwichtiger.

1. Befragung, Aussage 22: Ich will durch Feedback mein Endergebnis verbessern. – *Ergebnisse:* Kl. 5: 1,4 (7. Stelle/29); Kl. 7: 1,8 (5. Stelle/29); Kl. 8: 1,9 (5. Stelle/29)

Analyse: Dieser Aussage stimmen Lernende aller Jahrgangsstufen in hohem Maße zu: Sie möchten ihre Endnote selbstverständlich verbessern. Den Lernenden muss noch klarer werden, dass gute Feedbackgespräche dies in besonderem Maße leisten können und es sich daher lohnt, Mühe darauf zu verwenden.

Feedback kann helfen

Die Befragungen zeigen: Unsere Schüler/-innen halten Feedback für wichtig, jedoch noch nicht für wichtig genug: Nehmen die Lernenden Feedback auf, um ihren Lernprozess zu optimieren? Hier besteht also noch Handlungsbedarf – und dabei spielt der Dialog eine zentrale Rolle. Betrachten wir zunächst die Entwicklung der Lernforschung zum Thema Feedback und Feedbackdialoge beim Lernen.

WATSONS *Behaviorismus*[38] (Ende 19./Anfang 20. Jahrhundert) erklärt konditionierte Reaktionen auch auf unangenehme Erfahrungen (z. B. „Ich möchte mir kein ehrliches Selbstfeedback geben."). Sein Nachfolger SKINNER erweitert die Begrifflichkeiten: Die Umwelt steuert das Verhalten des passi-

38 Vgl. SIEGLER et al. 2016[4], S. 334–337.

ven Menschen. (Vorurteil: „Feedback ist nur Sache des Lehrers.“[39]) Dieser neigt dann dazu, Verhaltensweisen zu wiederholen, die zu günstigen Ergebnissen führen und umgekehrt jene zu unterdrücken, die zu ungünstigen führen (s. Erläuterung zu Willingham in der Einleitung).

WYGOTSKY (Anfang 20. Jahrhundert) ist ein Vertreter *soziokultureller Theorien*. Er sieht Kinder als soziale Wesen, die ihre Umgebung aktiv mitgestalten und gleichzeitig davon geprägt sind. Die 3. Entwicklungsphase der Verinnerlichung von Sprache[40] bezeichnet er als „inneres Sprechen“ oder Selbstgespräch, als verbales Denken: In dieser Phase machen sich Kinder unausgesprochen klar, was zu tun ist. Sie entwickeln Fähigkeiten zur Selbstregulation, die für eigenständiges Lernen und auch für Selbstfeedback nötig sind. Zentral ist WYGOTSKYS Konzept der „Zone der nächsten Entwicklung“: Die biologische Entwicklung des Kindes und sein Leistungsniveau bilden die erste Entwicklungsstufe. Die zweite Entwicklungsstufe kann das Kind nur in Zusammenarbeit mit jemandem erreichen, der „mehr weiß“ und von dem es lernen kann. Der Abstand zwischen beiden Entwicklungsstufen soll im Unterricht (z. B. im Gespräch mit anderen) überbrückt werden.

Von späteren Vertretern werden diese soziokulturellen Theorien weiterentwickelt: Der Mensch möchte anderen etwas beibringen, wie etwa im Partnerfeedback, andererseits sollten die Empfänger solche Unterweisungen auch beachten und daraus lernen.

Zentrale Punkte der Entwicklung sind den soziokulturellen Theorien nach:

- die *gelenkte Partizipation* (hier: Lehrkräfte planen und strukturieren Gespräche beim und über das Lernen, damit die Kinder zunehmend Verantwortung für ihr Lernen übernehmen können). Neuere Lerntheorien heben die Bedeutung *kognitiver Faktoren* hervor und die *aktive* Rolle, die Kinder bei ihrer eigenen Entwicklung spielen.[41] Diese Erkenntnisse sind eine wesentliche Grundlage für die früh einsetzende, von Lehrenden gelenkte Partizipation der Lernenden in allen Phasen, so auch für die Lenkung aller Gespräche;
- die *Intersubjektivität* (effektive Kommunikation über dieselben Inhalte, „geteilte Aufmerksamkeit“, Übernahme von Perspektiven der Mitlernenden, Reaktionen auf das Mitgeteilte, hier z. B. Umsetzen des Partnerfeedbacks) und

---

39 Aus dem Nähkästchen geplaudert: Dies hat tatsächlich einmal einer meiner Achtklässler in seine Metaevaluation geschrieben.

40 Vgl. SIEGLER et al. 2016[4], S. 141f.

41 Vgl. ebd., S. 321.

- die *soziale Stützung* (ein Prozess, bei dem eine kompetentere Person wie die Lehrkraft ein Rahmengerüst bietet, welches dem Kind das Denken auf einer höheren Ebene ermöglicht, in unserem Zusammenhang z. B. Unterstützungsangebote durch Modelle, Beispiele, Übungszyklen aber auch weiterführendes Feedback. In Gruppen wird „eine Kultur des Lernens" gefördert.[42]

JOHNSONS und JOHNSONS *Theorie des kooperativen Lernens,* ebenfalls zentral für den Dialog während des Lernens, fügt sich hier ein. Darin werden fünf Hauptelemente unterschieden: *positive Interdependenz* (weshalb der einzelne die Gruppe braucht), klar erkennbare *individuelle Verantwortlichkeit* innerhalb der Gruppe, einander *unterstützende Interaktion* der Gruppenmitglieder (z. B. Ergebnisse austauschen, sich gegenseitig helfen), häufiger Einsatz von *interpersönlichen und Kleingruppenskills* (notwendig für den Erfolg der Gruppe), häufige und regelmäßige *Kontrolle der Gruppenprozesse* (jedes einzelne Gruppenmitglied ist verantwortlich). WILIAM[43] führt außerdem den aus Forschungsergebnissen ersichtlich werdenden *kognitiven Nutzen* an: Lernende, die einander helfen, denken ihre Ideen gründlicher durch und verinnerlichen Qualitätskriterien besser.

Im Laufe der Kindheit wird das *Selbstwertgefühl* zunehmend durch die Akzeptanz von Gleichaltrigen beeinflusst. Dies ist sehr wesentlich für die Akzeptanz von Partnerfeedback. PIAGET nimmt an, dass Kinder zu Peers spontaner und offener sind als zu Erwachsenen, denen sie häufig nur aus Gehorsam, nicht aus Verständnis oder Zustimmung folgen.[44]

HATTIES Untersuchungen nach steht die Selbsteinschätzung des eigenen Leistungsniveaus auf Platz 1 von 138 Faktoren, die das Lernen beeinflussen (d=1,44, ab .60 langfristiger Effekt, s. Kap. 3.9.), Feedback hingegen auf Platz 10 (d=.73). Beide Faktoren beeinflussen die Leistung also stark.[45] HATTIE beschreibt vier Feedbackebenen mit jeweils dazugehörigen Fragen, die uns bei Gesprächen über das Lernen helfen können:

1. *Feed Up* zur Aufgabe, zum Produkt: „Wie gut wurden die Aufgaben verstanden/erledigt? Wohin gehe ich? Was sind meine Ziele?" *(Lernintentionen/Ziele/Erfolgskriterien)*
2. *Feed Back* zum Prozess: „Was muss getan werden, um die Aufgaben zu verstehen / zu meistern? Welche Strategien sind erforderlich, um die Aufgabe zu bearbeiten? Gibt es andere nutzbare Strategien? Wie komme ich

42 SIEGLER et al. 2016[4], S. 144.

43 Vgl. WILIAM 2018, S. 156.

44 Vgl. SIEGLER et al. 2016[4], S. 485.

45 Vgl. HATTIE 2013, S. 208, 433.

voran? Welcher Fortschritt wurde in Richtung Ziel gemacht?“ *(Selbstbewertung und Selbsteinschätzung)*

3. *Feed Forward* zur Selbstregulierung: „Welches Wissen und Verständnis ist zwingend nötig, um zu verstehen, was ich gerade mache? Wohin geht es danach? Welche nächsten Aktivitäten müssen ergriffen werden, um einen größeren Fortschritt zu machen?“ *(Fortschreiten, neue Ziele: Selbstüberprüfung, -steuerung und -regulation der Aktivitäten)*
4. *Ebene des Selbst:* Bewertung der eigenen Person und der eigenen Gefühle bezüglich des Lernens (gewöhnlich positiv), wobei diese vierte Ebene laut HATTIE zu vernachlässigen ist, da sie häufig mit rein auf die Person bezogenem Lob zusammenhängt. Dieses hat mit den anderen drei Ebenen wenig zu tun und ist deshalb nicht lernförderlich.[46]

Priorität beim Thema Feedback hat für HATTIE allerdings das Feedback der Lernenden *an* die Lehrkraft, was sich auch daran zeigt, dass die „formative Evaluation des Unterrichts“ auf Rang 3 (d=.90) liegt[47]: Je mehr Rückmeldungen die Lehrkraft zu ihrem unterrichtlichen Handeln einholt, je mehr sie über ihren Einfluss auf das Lernen ihrer Schüler/-innen erfährt, desto mehr Vorteile haben laut HATTIE die Lernenden, denn die Lehrkraft passt daraufhin vermutlich ihre Unterrichtsmethoden an. Er nennt dieses Feedback, das die Lehrkraft von ihren Lernenden ersucht, „assessment for teaching“ (Bewertung des Lehrens).[48] Selbstverständlich gehört dieses Feedback an die Lehrkraft ebenfalls zum Dialog beim und über das Lernen. Der (teils unausgesprochene) formative Charakter der Rückmeldungen an die Lehrkraft, wie HATTIE ihn sieht, wird an vielen Stellen dieses Buches deutlich, steht jedoch nicht im Mittelpunkt.

Angesichts dieser Bedeutung des Feedbacks sollte ein Blick darauf geworfen werden, inwiefern uns die gesetzlichen Vorgaben bei der Entwicklung einer entsprechenden Kultur unterstützen. Die Standards für die Lehrerbildung, die die KULTUSMINISTERKONFERENZ der Länder 2004 herausgegeben hat, formulieren in ihren Kompetenzbereichen eher die summative einseitige Beurteilung durch die Lehrkraft. Sie betonen jedoch die Ausbildung von eigenverantwortlichem und kooperativem Handeln der Lernenden und das Bestreben der Lehrkraft, die Qualität eigenen Lehrens zu überprüfen, um Unterricht weiterzuentwickeln.

46 HATTIE 2013, S. 209f. und HATTIE 2014, S. 132f.

47 HATTIE 2013, S. 215.

48 HATTIE 2015, S. 66.

Seit 2004 hat sich in der Lehrerausbildung vieles verändert: In Studienseminaren gibt es heute das Modul „Evaluation", ein Anzeichen dafür, dass der Gedanke von Rückmeldegesprächen immer stärker in den Unterricht getragen wird. Neben Evaluationen auf Makroebene (internationale Studien wie PISA) und auf Mesoebene (z. B. Schulinspektionen, Ländervergleiche) gehört auch die Mikroebene der Schule zu den Zielen. Die Schulen haben die Aufgabe, Qualitätssicherungskonzepte zu entwickeln und regelmäßig zu evaluieren.

Rückmeldeprozesse profitieren also davon, wenn der einzelne Lernende bereit ist, sich darauf einzulassen. Außerdem profitieren sie von Lernpartner/-innen, die bei der Optimierung des Lernens zusätzlich unterstützen können. Insgesamt gesehen profitiert die Schule auf Mikro- und Mesoebene und die Gesellschaft auf Makroebene von immer häufiger und gezielter stattfindenden Gesprächen über Qualität. Hierdurch wird Qualität in ihren verschiedenen Facetten diskutiert. Dies muss in jedem Falle dazu führen, dass Handlungskonsequenzen beschlossen werden.

3.3.2 Feedback – Definitionen

Was bedeuten nun „Feedback" und „Evaluation"? Feedback umfasst – laut BUHREN[49] – eine große Bandbreite an Elementen, von „spontaner Rückmeldung auf eine Frage oder Äußerung in Form eines Blitzlichtes bis hin zu umfangreicher Datenerhebung und -rückspiegelung mit anschließender Zielvereinbarung zu geplanten Veränderungsmaßnahmen". Die Bedeutung des Begriffs reicht also von Sinneseindrücken oder Empfindungen bis hin zu mehrperspektivischen Datenerhebungen mit differenzierten Methoden und Instrumenten. Ein Evaluationskreislauf hingegen ist immer ein umfangreicher, systematisch geplanter Prozess, der den wissenschaftlichen Gütekriterien entsprechen soll. Beide, Feedback wie Evaluation, enthalten Datensammlung, Auswertung, Interpretationen, Konsequenzen für die Praxis. Für unsere Diskussion über unterrichtliche Rückmeldeprozesse wird hier der flexiblere Feedback-Begriff verwendet.

Es gibt seit Jahrzehnten eine große und stetig wachsende Literatur zum Thema Feedback. Häufig geht es um Qualitätssicherung von Schule, um Partnerfeedback, auch Selbstfeedback, teils um kollegiales Feedback. Im Mittelpunkt steht dabei die Frage, unter welchen Bedingungen und auf welche Weise das Feedback erfolgt. In der Folge sollen einige wesentliche Vor-

49 Vgl. BUHREN 2015, S. 12–29.

aussetzungen für gutes Feedback und eine Auswahl an hilfreichen Techniken für den Umgang mit den Rückmeldungen vorgestellt werden.

Tipps für Feedbackprozesse

- Die Lehrkraft sollte die *Formen und den Nutzen* von Feedback *kennen,* von dessen Wichtigkeit überzeugt und außerdem bereit sein, Rückmeldungsprozesse gewinnbringend im Unterricht zu *implementieren* (was eine Regelmäßigkeit voraussetzt).
- Die Lehrkraft *fördert diese Denkhaltung* auch bei den Lernenden.
- Die Lehrkraft führt die Lernenden in *gutes Feedback-Geben und -Empfangen* ein. Ggf. ist es auch nötig, das Vorgehen einzuüben.
- Auf diese Weise wird implizit „Feedback" unterrichtet (*feedback literacy*): Hierbei geht es darum, Ziele, Prozeduren und Ergebnisse zu verstehen und zu interpretieren.[50]
- Lam spricht gar von einer *„Feedback-Landschaft"*, wozu auch der Glaube an die eigene *Selbstwirksamkeit* und die *Motivationssteigerung* gehört. Voraussetzung hierfür ist ebenfalls, dass ein gutes *Klassenklima* gefördert wird. Dadurch können *personale und soziale Kompetenzen* der einzelnen Lernenden gestärkt und ggf. *starke Emotionen* im Feedbackprozess abgemildert werden.
- Die *Qualitätskriterien* sollten transparent sein. Auf welche Weise können die Lernenden eine Arbeit von sehr guter Qualität erbringen? Dabei sind neben einzelnen Kriterien auch das „große Ganze" sowie die Möglichkeit eines Transfers auf andere Lernsituationen von Bedeutung (s. Kap. 3.1.3.).
- Laut Hattie[51] muss Feedback *differenziert* erfolgen. Bei Anfängern steht inhaltliches Wissen im Mittelpunkt: Feedback sollte Gewissheit vermitteln bzw. bei Korrekturen unterstützen. Lernende auf mittlerem Niveau wiederum benötigen Hilfe, ihnen bekannte Konzepte miteinander zu verbinden und zu erweitern, und Gewissheit darüber, wie sie Methoden und Strategien richtig anwenden können. Ggf sind hier auch Hinweise auf alternative Wege erforderlich. Auf höherem Niveau geht es darum, die sich selbst regulierenden Lernenden zu unterstützen. Im nächsten Schritt können ihre an das Feedback anschließenden Optimierungsbemühungen besprochen werden.
- Feedback sollte anfangs *limitiert und fokussiert* werden, um Lernende nicht zu überfordern. Partnerfeedback beispielsweise kann zunächst zu einem oder wenigen Aspekten erfolgen.

50 Vgl. Lam 2017, S. 273.

51 Vgl. Hattie 2015, S. 62ff.

- Lehrende bzw. Lernende können *eine Auswahl aus allgemeinen Impulsen zur Reflexion treffen*[52], um sich dann darauf zu konzentrieren.
- Die Lehrkraft kann auf *alternative Fehlermarkierungen* zurückgreifen (s. Kap. 2.9.).
- Der *zeitliche Mehraufwand* kann beispielsweise dadurch bewältigt werden, dass die Lehrkraft jeweils nur zu einigen Arbeiten oder Aspekten Feedback gibt. Auch ein guter kollegialer Austausch in der Fachschaft kann Zeit und Arbeit sparen.
- *Planung von Zeit und Gelegenheiten:* Die Lernenden müssen die Möglichkeit bekommen, im Unterricht Feedback zu geben und zu erhalten. Außerdem sollten sie die Rückmeldungen umsetzen können.

Zusammenfassend seien hier wesentliche Kriterien für gutes Feedback (Geben und Empfangen) während des Lernprozesses aufgelistet. Diese Punkte betreffen gleichermaßen Lehrkräfte wie Lernende (bei Partner- bzw. Lehrerfeedback).

Gutes formatives Feedback

- ist unerlässlich zum Aufbau von Qualitätsbewusstsein;
- setzt am Lernprozess (nicht beim finalen Produkt) an;
- kann zu allen fachlichen und überfachlichen Themen, in jeder Klassenstufe, in jeder Schulart eingesetzt werden;
- reduziert Stress und motiviert zum Lernen, da Veränderungen oder Verbesserungen vorgenommen werden können;
- ist individuell, konkret und spezifisch (nicht allgemein);
- kommt von „Lernexperten" (Lehrende und Lernende, denen allen die Kriterien/Standards vor Beginn der Lernaufgabe bekannt sind);
- bezieht alle am Lernprozess Beteiligten in den Feedbackprozess ein: Lehrende und Lernende geben und empfangen gleichermaßen;
- erfolgt rechtzeitig;
- hat beschreibenden Charakter (bewertet, kritisiert, vergleicht nicht);
- hebt auch Positives hervor; findet eine Balance zwischen positiven und verbesserungswürdigen Aspekten;
- drückt echtes Interesse am Lernen und an den Ergebnissen der Feedback-Empfänger aus;

52 Vgl. etwa WILKENING 2016, Kopiervorlagen: S. 124 (Blitzlicht), S. 125 (4-Felder-Karte), S. 126 (Zielscheibe), S. 129–130 (Lerntagebuch). Viele Vorlagen bieten allgemeine Reflexionsthemen an, die anpassbar sind.

- ist herausfordernd, regt zum Nachdenken an, unterstützt, gibt ggf. Hinweise oder Tipps; zeigt Alternativen auf; macht keine Vorschriften;
- ist sachlich, an Kriterien orientiert, nicht persönlich;
- ist klar verständlich und eindeutig;
- ist wertschätzend, respektvoll und ermutigend;
- ist mit einer vertrauensvollen Lernatmosphäre verknüpft;
- schätzt Fehler und Missverständnisse als Lernchancen;
- ist im Umfang angemessen, anfangs ggf. auf Einzelaspekte begrenzt;
- kann umgesetzt werden (Fähigkeit, Zeit, Gelegenheit);
- führt zu Gesprächen beim und über das Lernen;
- sollte metaevaluiert werden.

Angemessene Reaktion auf gutes formatives Feedback

- Dankbarkeit für und Wertschätzung von Feedback
- Bereitschaft zum Zuhören, ausreden lassen
- Offenheit (keine Scham, Kränkung, Trauer, Wut)
- Die Feedback-Empfänger sollten die Rückmeldung akzeptieren (nicht erklären, rechtfertigen, diskutieren oder ablehnen)
- Die Rückmeldung kann nach ausreichender Reflexion begründet angenommen oder abgelehnt werden
- Die Rückmeldung kann auch metaevaluiert werden

Unsere Schüler/-innen denken meist, sie seien bereits gut darin, Feedback zu geben und zu empfangen. Das ist jedoch in den seltensten Fällen ohne Übung der Fall. Wichtig ist also, dass beide Seiten (Geber und Empfänger) für einen wertschätzenden und inhaltlich gewinnbringenden Austausch sensibilisiert werden und dass das Feedback auch im Verlauf kontrolliert wird. – Einüben von Feedback, spiralförmiger Aufbau von Feedbackkompetenzen dauert nach meiner Erfahrung bis zu einem halben Jahr.

3.3.3 Wünsche von Lernenden und Ansichten von Lehrenden

IHRE ERFAHRUNGEN SIND WICHTIG

Welchen Zweck hat Feedback Ihrer Ansicht nach?

Welchen Sinn sehen Ihre Lernenden Ihrer Meinung nach im Feedback?

Nach HATTIE[53] verstehen Lehrende unter Feedback v. a. Anmerkungen und

53 Vgl. HATTIE 2015, S. 61–62.

Anweisungen zum weiteren Vorgehen, Klärung, Kritik, Bestätigung, inhaltliche Entwicklung, konstruktive Reflexion, Korrektur, Für und Wider der geleisteten Arbeit, einen Kommentar zur zusammenfassenden Bewertung. LEE[54] ergänzt, dass häufig auf Verordnungen der Ministerien, Examina und Schulprofile verwiesen wird. Auf diese Weise geschaffene „Überzeugungen" führen jedoch zu zwang- und zweifelhaften Feedback-Praktiken.

Lernende sind zukunftsorientiert

Lernende hingegen sind – laut HATTIE – der Ansicht, die Lehrkräfte gäben ihnen nicht ausreichend Feedback. Sie möchten gern erfahren, wie sie ihre Arbeit verbessern können, damit sie beim nächsten Mal besser abschneiden. Sie sind also eher zukunftsorientiert. Sie möchten sich weiterentwickeln, dabei ggf. auch mehr lernen; sie möchten sich anstrengen. Die Voraussetzung ist, dass ihre Bemühungen wertgeschätzt werden.

HATTIE äußert sich ausführlich zur Interpretation von „negativem" Feedback durch Lernende.[55] Sie lehnen Kritik ab, da sie diese als unnötig, langatmig, persönlich und verletzend empfinden. Sie erhoffen sich eine Korrektur ihrer Fehler, jedoch sollte dies in angemessenem Klima erfolgen. Feedback darf also nicht zu einer persönlichen Bewertung des Empfängers werden. Laut HATTIE besteht das Problem darin, dass Lernende Informationen zu der Frage benötigen, wohin es als Nächstes geht, was der Lehrkraft oft nicht bewusst ist.

Obwohl Lernende Feedback schätzen, stehen viele den Rückmeldungen dennoch kritisch gegenüber. Im Rahmen meiner Umfragen und Gespräche äußerten meine Schüler/-innen eine Reihe von Vorbehalten, die ich in der Folge aufliste.

Vorbehalte der Lernenden gegenüber Feedback

- Noten sind „realer" als Worte; Letztere können die Note höchstens begründen
- Noten sind das „Übliche" und einzig Ausschlaggebende
- Ziele, Inhalte, Werte von Feedback sind unklar
- Das Bewerten ist alleinige Aufgabe der Lehrkraft
- Die Veröffentlichung von Leistungen oder Fehlern ist nicht erwünscht
- Die Kontrolle und die Verbesserung von Lernprozessen wurde nicht eingeübt
- Nur positives Feedback ist erwünscht
- Mitlernende sind nicht kompetent im Feedback-Geben
- Mitlernende sind nicht bereit, Feedback zu geben

54 Vgl. LEE 2009, S. 19, S. 13–14.

55 HATTIES detailliert beschriebene mögliche Interpretationen übersteigen den Rahmen dieses Buches. Sie sind jedoch sehr lesenswert und beziehen sich auch auf seine Lerntheorien (s. o.).

- Feedback ist unnötig
- Feedback ist peinlich
- Lernende haben Erfahrungen mit erzwungenem Feedback; nach diesem gibt die Lehrkraft trotzdem ihre Note; also ist Feedback sinnlos

Viele unserer Schüler/-innen haben Angst vor Feedback. Um diese Angst auszuräumen, müssen wir sie im Gespräch thematisieren.

3.3.4 Lehrende formulieren Feedback

IHRE ERFAHRUNGEN SIND WICHTIG
Wie kann gutes Feedback der Lehrkräfte aussehen?

Feedback sollte zum Nachdenken über das Lernen anregen, indem es Herausforderungen schafft, die von den Schülerinnen und Schülern als erstrebenswert empfunden werden, so lesen wir bei WILIAM.[56] In Kapitel 2 dieses Buches habe ich über Lernmotivatoren geschrieben. Diese werden auch durch Formulierungen im Feedback der Lehrkräfte beeinflusst.

Ziel von Feedback ist es, das Lernen zu verbessern. HATTIE gibt zu jeder Ebene je zwei konkret ausformulierte Beispiele, wie das Feedback der Lehrkräfte lauten kann.[57] In der Folge stelle ich pro Ebene je einen an die deutschen KMK-Bildungsstandards angepassten und auf ein bestimmtes Fach angewandten Vorschlag vor. Diese Vorschläge können schriftlich unter einem Lernprodukt kommuniziert werden und sollten möglichst anschließend im Gespräch „validiert“ werden.[58]

- Mögliches Feedback zur *Aufgabe* für die Primarstufe, Fach Mathematik, ‚Leitidee Zahlen und Operationen‘: „Du beherrschst die Grundaufgaben des Kopfrechnens (Eins plus eins, Einmaleins, Zahlzerlegungen) mithilfe deines Gedächtnisses, du kannst die Umkehrungen (plus – minus, mal – geteilt) sicher ableiten und diese Kenntnisse auf ähnliche Aufgaben mit größeren Zahlen übertragen.“
- Mögliches Feedback zum *Lernprozess* für den Mittleren Schulabschluss, Fach Biologie im Kompetenzbereich ‚Erkenntnisgewinnung‘: „Du bist – wie besprochen – den Dreierschritt zum hypothesengeleiteten Arbeiten gegangen:

56 WILIAM 2018, S. 153.

57 Vgl. HATTIE 2014, S. 135–137.

58 Für weitere Vorschläge vgl. auch WILKENING 2016, S. 99–102.

Formulierung der Fragestellung aus einem Problem mit Aufstellen von Hypothesen, Planung und Durchführung eines Experiments durch Mikroskopieren, Auswerten der gewonnenen Daten. Allerdings solltest du diese noch hinsichtlich deiner Hypothese interpretieren."

- Mögliches Feedback zur *Selbstregulierung* für die Gymnasiale Oberstufe, Fach Deutsch im Kompetenzbereich ‚Sich mit Texten und Medien auseinandersetzen': „Sie können Literatur persönlich bewerten und diese Wertung differenziert mit Ihrem komplexen Hintergrundwissen begründen."

Diese drei Feedbackebenen von HATTIE können auch für Gespräche zwischen Lernpartner/-innen bzw. mit der Lehrkraft hilfreich sein. Lesen Sie bitte mein Beispiel zu Gesprächen über Präsentationen (Inhalt, Zusammenhang, Präsentationsstil), die sich an HATTIES drei Feedbackebenen (Fragen zur Aufgabe, zum Prozess, zur Selbstregulierung) orientieren. Alle Fragen lassen sich hinsichtlich der spezifischen Situation konkretisieren und erweitern.

Reflexionen zu Präsentationen

1. Zum Inhalt:

Mein Feedback:

- *Deine Präsentation war interessant/spannend/überzeugend, weil …*
- *Du hast genügend Details zu … gegeben.*
- *Deine Erklärungen waren …, z. B. jene: …*

Meine Fragen zu deinem Arbeitsprozess:

- *Mit welchen Mitteln hast du deine Präsentation interessant/spannend/überzeugend gestaltet?*
- *Welche weiteren Informationen sind noch hilfreich?*
- *An welchen Stellen könntest du welche weiteren Details hinzufügen? Welche Hilfmittel könntest Du noch benutzen?*
- *Welche Verbindungen siehst du zu anderen Aspekten dieses Gebiets?*

Meine Fragen zur Planung deiner nächsten Präsentation:

- *Welche alternativen Möglichkeiten siehst du, deine Präsentation inhaltlich/ methodisch noch interessanter/spannender/überzeugender zu gestalten?*

2. Der Zusammenhang:

Mein Feedback:

- *Deine Präsentation war in sich zusammenhängend. Dazu hast du folgende Verbindungsmöglichkeiten verwendet (z. B. Verbindungswörter, Textstrukturierung): …*

Meine Frage zu deinem Arbeitsprozess:

- *Kannst du mir bitte erklären, warum du an welchen Stellen diese Verbindungsmöglichkeiten angewendet hast?*
- *Kannst du mir bitte erklären, warum … / ein Beispiel geben für …?*

Meine Fragen zur Planung deiner nächsten Präsentation:

- *Mit welchen Mitteln könntest du gezielt deine nächste Präsentation noch zusammenhängender gestalten? An welchen Stellen?*

3. Der Präsentationsstil:

Mein Feedback:

- *Ich habe deinen Präsentationsstil folgendermaßen empfunden: interessant/zugewandt in Gestik und Mimik – gut verständlich – in guter Geschwindigkeit – klar/frei gesprochen, z. B. als du …*

Meine Fragen zu deinen Strategien:

- *Wie hast du geübt, … zu präsentieren?*

Meine Fragen zur Planung:

- *Was möchtest du beim nächsten Mal gezielt einüben?*

Auch allgemeine Gesprächsimpulse könnten hilfreich für Gespräche sein:

- Reflexion über die Aufgabe: Aufgabenerfüllung, Richtigkeit, Güte der Realisierung, Erweiterungsmöglichkeiten
- Reflexion über den Arbeitsprozess: Gründe/Erklärungen für eingesetzte Strategien; Verbindungsmöglichkeiten innerhalb und außerhalb der Arbeit; Vergleichsmöglichkeiten; weitere Beispiele
  Planung für künftige Arbeiten: Fehleranalyse und -bearbeitung, alternative Vorgehensweisen im inhaltlichen/methodischen Bereich; Möglichkeiten der Selbstkontrolle, der Hilfe

In der Literatur finden sich viele Formulierungsvorschläge für Feedback. In der Folge stelle ich einige nach Eigenschaften sortierten Beispiele vor.[59] Dieses Feedback erfolgt zunächst monologisch, sollte aber unbedingt im Gespräch mit dem/der jeweiligen Verfasser/in des (vorläufigen) Lernprodukts validiert werden, damit man sich von beiden Seiten einig ist, dass der „Lerneffekt angekommen ist".

59 Beispiele 1–3 ins Deutsche übertragen aus Ronsaert 2018, S. 262; Beispiele 5–7 aus Leenknecht 2018, S. 108.

Formulierungsvorschläge für Feedback

- evaluativ: „Du hast die Stufen gut erklärt. Der Wechsel zwischen den Sprechern war glatt und ohne Unterbrechungen."
- informativ, verbunden mit Frage, Bestätigung, Vorschlag, Rechtfertigung: „Versuche, etwas mehr ins Publikum zu schauen."
- suggestiv, evaluativ und zur Verbesserung aktivierend: „In künftigen Präsentationen solltest du die Diagramme besser erklären."
- fragend: möglichst offene Fragen, die Vorwissen einbeziehen, s. Kap. 3.3.8.
- beratend: „Vielleicht solltest du diese beiden Argumente umstellen."
- präskriptiv: „Fange für jede neue Idee einen neuen Abschnitt an."
- korrektiv: „Es muss ‚gebe' heißen."

LAZAR[60] merkt an, dass die Bereitschaft der Feedback-Empfänger, ihre Arbeit zu optimieren, durch negativ evaluierende, korrektive oder andere präskriptive Arten von Feedback (zusätzlich durch wenig wertschätzende, entmutigende Kommentaren) gehemmt werden könnten. In jedem Fall ist es hilfreich, Lehrerfeedback metaevaluieren zu lassen.[61]

Welche Kommentare empfinden Lernende als hilfreich? Dies wird die Lehrkraft, die ihre Schüler/-innen gut kennt, sensibel im Einzelfall entscheiden. Schwache oder besonders Schüchterne könnten von ermutigenden Bestätigungen und vorsichtigen Impulsen zur Optimierung profitieren; Leistungsstärkere könnten Fragen schätzen, die zum Weiterdenken anregen.

3.3.5 Neuere Entwicklungen beim Thema Feedback: Inhalte, Anwendungen, Durchführungsformen

IHRE ERFAHRUNGEN SIND WICHTIG
Wie kann unsere Feedbackpraxis Ihrer Meinung nach verbessert werden?

Die Feedbackforschung hat – insbesondere im englischsprachigen Raum – in den letzten Jahren neue Schwerpunkte und Fragen in die Diskussion aufgenommen. Diese Erweiterung möchte ich gern mit Ihnen teilen.

Aktuelle Akzente bei Feedback

So hat sich der Fokus von Feedback fundamental gewandelt: LAM[62] spricht von einer evolutionären, gar revolutionären Rekonzeptualisierung: Handel-

60 LAZAR et al. 2017, S. 145.
61 WILKENING 2016, KV 6 auf S. 43 und KV 32 auf S. 126.
62 Vgl. LAM 2017, S. 279.

te es sich beim Feedback anfangs eher um ein technisches Verfahren (zur Korrektur eines passiven Empfängers), so wird es nun als aktiver Akt der Schülerinnen und Schüler eingestuft, die damit ihr Lernen weiterentwickeln („sustainable feedback“ [63]). Es geht darum, wie Feedback das Lernen über den aktuellen Stand hinaus fördern kann.[64] Lag der Betrachtung von Feedback anfangs eher eine behavioristische Perspektive zugrunde[65], so rückt jetzt ein sozio-kultureller und humanistischer Ansatz ins Zentrum.

Welches sind die Hauptaspekte in der heutigen Feedbackdiskussion? Bitte beachten Sie, dass die hier präsentierten Punkte keine Priorisierung vornehmen, sondern die Entwicklung in der Debatte aufzeigen.

- Wie effektiv können die gängigen Einschätzungs- und Beurteilungsmethoden unsere Schülerinnen und Schüler beim Lernen unterstützen? Urteilen Sie selbst:

  Feedbackbeispiele von Schüler/-innen der 6. Klasse auf die Texte von Mitlernenden: *„Note 1; gut; Das ist gut geworden; 0 Fehler. Okay; Das kannst du besser; ein bisschen ordentlicher; nicht ganz eindeutig; die Grammatik ist noch nicht ganz so gut; gibt nicht viel Sinn; 6.“*

  Wie viel Mühe steht hinter diesen Aussagen? Inwiefern wurde über das Lernen nachgedacht, geht es hier darum, Lernen zu verbessern? Sind den Feedback-Gebern die Gedanken der Feedback-Empfänger, die diese in ihrem (vorläufigen) Produkt geäußert haben, wichtig? Aus welchen Motiven heraus haben die Lernenden geurteilt? Haben sie verstanden, dass ihre Kommentare/Handlungen weiteres Lernen nicht befördern? – Wenn ein solches Feedback aber nicht effektiv genug ist, wie kann es dann *gewinnbringender* formuliert werden?
- Wie kann Feedback ernsthafter *aufgenommen* werden? Der Fokus hat sich *vom* Feedback-*Geben* auf das Feedback-*Empfangen* verlagert.[66] Damit eröffnen sich viele neue Fragen.
- Ist das Feedback so *sensibel* gestaltet, dass die Empfänger es auch nutzen möchten? Denn Reaktionen auf Feedback können stark variieren: So kann z. B. der Wunsch nach „harter“ Kritik oder aber nach „positiver Ermutigung“ vorliegen. Die *Persönlichkeit* der Empfänger kann bewirken, dass sie Feedback gänzlich infrage stellen und folglich ignorieren. STONE/

63 MULLINER/TUCKER 2017, S. 269.

64 Vgl. LAM 2017, S. 268–271.

65 SIEGLER et al. 2016[4], S. 336–337.

66 STONE/HEEN 2014, S. 3: „The key player [in feedback] is not the giver, but the receiver.“

Heen[67] unterscheiden zwischen einem *Wahrheitsauslöser* (das Feedback wird gemäß der Wahrnehmung der Empfänger interpretiert, als nicht unbedingt wahr eingestuft, einem *Beziehungsauslöser* (wenn Feedback-Geber und -Empfänger kein gutes *Vertrauensverhältnis* haben, werden die Geber abgelehnt, es kommt daher gar nicht auf den Inhalt ihres Feedbacks an) und einen *Identitätsauslöser* (wenn das positive Selbstbild der Feedback-Empfänger herausgefordert wird, reagieren sie negativ).

- *Verstehen* Feedback-Empfänger das Feedback überhaupt, auf sprachlicher und inhaltlicher Ebene?

  Aus der Praxis: *Feedback-Empfänger könnten das erhaltene Feedback nochmals paraphrasieren; auf dieser Basis kann Missverstandenes klargestellt werden.*

- *Setzen* die Lernenden sich mit dem Feedback *auseinander? Wenden* sie es *an,* um ihre Arbeit zu optimieren? Auch dazu müssen sie angeleitet werden. Die Notiz im Fachhefter zu der Frage: „Was nehme ich von meinem Feedback mit für das nächste Mal?“ (vorgeschlagene Frage aus einem Studienseminar, Modul Evaluation) führt eben nicht automatisch dazu, dass Lernende das erhaltene Feedback zum Beispiel bei ihrer nächsten Präsentation (o. Ä.) mehrere Monate später berücksichtigen.

  Praxisbeispiele Aktionsforschungsstudie: *In meiner Klasse 6 habe ich versucht, sukzessive eine bessere (d. h. aktive und lernwirksame) Annahme von Feedback aufzubauen. Dabei bin ich folgendermaßen vorgegangen: Die Schüler/-innen notieren das Partnerfeedback und schreiben daneben, wie sie es umzusetzen gedenken (Abb. 7, s. u.). Diese Situation liegt allerdings in unbestimmter Ferne. – Dann schalte ich eine Partnerfeedbackphase vor die darauffolgende Präsentation im Plenum (s. Abb. 8, S. 100). Die Lernenden haben jeweils das Partnerfeedback notiert und gleichen das Feedback des Plenums damit ab. Dabei wird deutlich, was sie nach dem Partnerfeedback umgesetzt haben und was noch nicht.*

my classmate's + teacher's feedback	in my next presentation
-speak louder	-I will speak louder and look at the others
- you don't speak freely	-I will look at the notes before I have the presentation
- you don't speak about one minute	-I will give more infos and detail's

Abb. 7 Unterrichtseinheit Klasse 6

67 Vgl. Stone/Heen 2014, S. 27–205.

Name	Peer tips	Class tips	Which peer tips realized in class presentation?	Which still not?
E.	Speak more slowly Speak freely Make it longer	Slowly Freely Longer	freely	Slowly Longer
J.	Speak louder Use different words Speak longer	Speak louder Speak longer		All 3
N.	More clearly Look at audience Louder	Not long enough	More clearly Look at audience louder	Not long enough

Abb. 8 Unterrichtseinheit Klasse 6

Die sorgfältige Auseinandersetzung mit dem erhaltenen Feedback ist unbedingt erforderlich, nur dann trägt dieses zum Lernen bei.[68] Dazu gebe ich auch im Kap. 3.3.8. Schülerbeispiele aus Schreibkonferenzen.

- Leitet die Lehrkraft die Lernenden dabei an, wie sie Partner/-innenfeedback zu bestimmten Lernprodukten *passgenau* formulieren können?
  Aus der Praxis: *Man kann z. B. in Übungen Lehrerfeedback nach Gesprächen in Kleingruppen bestimmten Textstellen zuordnen lassen.*[69]
- Lehrende (und sicher auch viele Mitlernende beim Partnerfeedback) verwenden viel kostbare *Zeit* auf die Formulierung eines differenzierten, gewinnbringenden Feedbacks. WILIAM/LEAHY bezeichnen individuelles Feedback als wertvollste Form von Unterricht[70]. – Deshalb sollten es Lernende auch *in der Unterrichtszeit nutzen und anwenden.* Lehrende sollten dem Prinzip folgen, dass Feedback *den Empfängern mehr Arbeit bereiten* muss als den Gebern. – Ich finde, das sind sehr wahre Worte.
- Eine der wesentlichen Erkenntnisse der neueren Forschung ist, dass Feedback-Empfänger *im Unterricht die Gelegenheit und die Zeit zur Verbesserung* erhalten sollten. Man hat herausgefunden, dass Lernende das gegebene Feedback sonst nicht unbedingt aufnehmen und umsetzen. Sie

68 WILIAM/LEAHY 2015, S. 107, 109: „The only thing that matters with feedback is the reaction of the recipient. The only good feedback is that which is productive."

69 Ebd., S. 124–125.

70 Ebd., S. 122. Vgl. S. 133: „Feedback should be more work for the recipient than the donor."

tun dies aber, wenn es sich um eine in den Unterricht *integrierte, obligatorische* Phase handelt.[71]

- Die Feedback-Empfänger haben jederzeit das *Recht,* ein erhaltenes Feedback *mit Begründung abzulehnen.* Damit wächst ihre eigene *Verantwortung* für ihr vorläufiges Produkt.[72]
- Zu Beginn kann nicht unbedingt erwartet werden, dass die Feedback-Empfänger den Feedback-Gebern *dankbar* sind. Sind die Lernenden jedoch schließlich geübter im Feedback-Geben und -Empfangen und durch häufige Praxis gewöhnt daran, so werden sie *Hilfen erkennen* (die im revidierten Produkt dann zu besseren Endnoten führen) und *motivierter* sein, bestimmte Strategien anzuwenden. Sie werden dann ggf. auch von sich aus um Hilfe bitten, wenn sie nicht weiterkommen.[73]
- Durch den Richtungswechsel vom rein evaluativen hin zu einem eher wahrnehmenden, interpretierenden Feedback, das beim Optimieren hilft, erkennen Lernende auch, dass die Feedback-Geber wirklich an ihren *Inhalten* interessiert sind.[74] Spätestens das löst dann einen *Backwash*-Effekt aus, der zur Akzeptanz von Feedback führt.
- Für kompetenzorientierte Gespräche zwischen Lehrkraft und Lernenden kann man auch Dialogkarten zu personalen, sozialen, methodischen und/oder fachlichen Kompetenzen anfertigen. Das Gespräch zwischen Lehrkraft und Lernenden kann durch divergierende Schüleraussagen zu einem Thema oder Impulsfragen angeleitet werden.[75] Diese Gespräche thematisieren Lerneinstellungen; es handelt sich auch um Feedback, an die Lehrkraft, die Eltern, die Mitlernenden, die Schule insgesamt …
- In seiner traditionellen Form war Feedback bisher eher eine „Einbahnstraße“, bei der die Informationsquelle außerhalb der Lernenden lag. Die aktuelle Literatur[76] mit soziokultureller Ausrichtung zeigt, dass *gemeinsam konstruiertes Wissen* die wertvollste Form von Feedback ist, weil alle

---

71 PANADERO et al. 2016, S. 317.

72 ROLLINSON 2005, S. 25.

73 PANADERO et al. 2016, S. 316.

74 WILIAM 2018, S. 98, zitiert einen Siebtklässler, der dies bei seiner Lehrerin bemerkt hat: „When Miss used to ask a question, she used to be interested in the right answer. Now she's interested in what we think.“ – Auch ich habe in Klasse 6 von den Lernenden in der Metareflexion gehört, dass jetzt erstmals Inhalte wichtig seien.

75 Siehe dazu die Dialogkarten von HARDELAND/BERGER: Sie enthalten viele Impulse, mit denen man gezielt oder eher allgemein gehalten in Lerngespräche eintreten kann. Vgl. HARDELAND/BERGER 2019.

76 AJJAWI/BOUD 2017 u. v. m.

Lernenden eine aktive Rolle beim Lernen – und darum handelt es sich auch bei Feedback – spielen sollen. *Lernende sollten Feedback also nicht nur nutzen, sondern auch erschaffen, im Gespräch entwickeln, diskutieren, Konsequenzen finden.*[77] Diese Überlegungen führen zu einer neuen Form des Feedbacks, nämlich zu *Feedbackdialogen*, einer zentralen Gesprächsform beim und über das Lernen.

- Die Forschung zeigt, dass es nicht ausreicht, Kriterien zu erklären und Lehrer- und Partnerfeedback stattfinden zu lassen: Die Lernenden müssen *systematisch trainieren,* qualitativ hohes Feedback zu geben. Nur so kann dieses auch effektiv sein. Die Feedback-Empfänger wiederum müssen ebenfalls angeleitet werden: Sie sollten das Feedback kritisch *wahrnehmen*, dann *entscheiden*, welche Veränderungen sie warum vornehmen, und ihre Entscheidung auch *umsetzen.*[78] Ein zentraler neuer Aspekt in der Forschung ist außerdem, dass Feedback *von den Empfängern gezielt „ersucht"* werden kann. Dies betrifft sowohl das Feedback von der Lehrkraft als auch von Mitlernenden (s. voriges bzw. folgende zwei Kapitel). Dazu sind gelungene Gespräche erforderlich.

Die Hauptfrage beim Thema Feedback ist m. E. heute, ob eine einseitig gegebene Rückmeldung ausreichen kann. Wir müssen uns auch fragen, ob das Feedback für die Schüler/-innen wirklich hilfreich ist, ob sie es verstehen, anwenden, und wann sie dies tun. Erst bei der nächsten Lernaufgabe in zwei Monaten? Sollte es sich nicht eher um Gespräche handeln, in denen man sich über an Qualitätskriterien orientierte Inhalte austauscht, Alternativen verhandelt, gemeinsam konstruiert, nach vorne denkt? Sind solche Gespräche nicht auch motivierender für die Feedback-Geber und -Empfänger und können sie nicht das Selbstvertrauen beim autonomeren Lernen in vielfacher Hinsicht steigern? Die neueren Feedbackkonzepte bieten uns allen diesbezüglich viele Handlungsmöglichkeiten.
Feedback ist ein kostbarer Schatz, der beim Lernen hilft. Deshalb gilt es, ihn tagtäglich gemeinsam zu heben.

77 Vgl. Dixon/Hawe 2017, S. 1188.
78 Vgl. Hovardas et al. 2014, S. 133 und S. 135.

3.3.6 Mitlernende werden zu Lernressourcen (Partnerfeedback)

„Übe, dich selbst und andere wahrzunehmen, schenke dir und anderen die gleiche menschliche Achtung, respektiere alle Tatsachen so, dass du den Freiraum deiner Entscheidungen vergrößerst. Nimm dich, deine Umgebung und deine Aufgabe ernst."[79]

Betrachten wir zu Beginn zunächst wieder einige Ergebnisse meiner Befragungen in verschiedenen Klassen(stufen), diesmal mit Aussagen zum Thema Partnerfeedback.

1. Befragung, Aussage 20: Ich bin froh, wenn meine Mitschüler mir Feedback geben. – *Ergebnisse:* Kl. 5: 2,1 (24. Stelle/29); Kl. 7: 2,1 (13. Stelle/29); Kl. 8: 2,25 (8. Stelle/29)

Analyse: Das Partnerfeedback spielt bei Jüngeren noch eine geringere Rolle, vermutlich da das Lehrerfeedback als wichtiger erachtet wird. Mit zunehmendem Alter wird es jedoch besonders wichtig.

3. Befragung:
Aussage 16: Ich kann Feedback von anderen gut annehmen. – *Ergebnis:* Note 1 (an 1. Stelle/20)
Aussage 17: Ich verstehe Feedback von anderen immer gut. – *Ergebnis:* Note 1,6 (an 4. Stelle/20)
Aussage 18: Es fällt mir leicht, anderen gutes (= nach den vereinbarten Kriterien und in wertschätzendem Ton erfolgendes) Feedback zu geben. – *Ergebnis:* Note 1,75 (an 5. Stelle/20)
Aussage 11: Es fällt mir leicht, Bedürfnisse, Gefühle, Überzeugungen von anderen wahrzunehmen, dafür Interesse zu zeigen und sie zu achten. – *Ergebnis:* Note 1,8 (an 6. Stelle/20)
Aussage 13: Ich kann gut auf Fragen von anderen eingehen. – *Ergebnis:* Note 2,37 (an 10. Stelle/20)

Feedback: wie geben, verstehen, umsetzen

Analyse: Die Schüler/-innen können sehr gut Feedback empfangen. Schlechter stufen sie ihre Fähigkeiten ein, wenn es darum geht, selbst Feedback zu geben, andere wertzuschätzen und auf sie einzugehen. In all diesen Ergebnissen offenbart sich Übungsbedarf: Wie kann sichergestellt werden, dass

79 COHN 2018[19], S. 359.

Rückmeldungen auch verstanden werden? Welche Formulierungen können dazu beitragen, dass Feedback effektiv ist? Wie kann beim Feedback-Geben die persönliche, soziale und auch inhaltliche Ebene angemessen gestaltet werden?

3. Befragung, Aussage 19: Ich finde *Feedbackgespräche* gut. – *Ergebnis:* Note 1,6 (3. Stelle/20)

Analyse: Diese positive Meinung aus einer Klasse 10, die schon Feedbackgespräche durchgeführt hat, ermutigt zu weiteren Runden.

IHRE ERFAHRUNGEN SIND WICHTIG
Welche Erfahrungen haben Sie beim Thema „Peers als Lernressourcen" gemacht? Welche Voraussetzungen sind dafür nötig?

Aus den Befragungen ergibt sich, dass die Vorzüge von Partnerfeedback sowie die Verfahrensweisen im Partnerdialog die „Grundregeln" guten Feedbacks in Kap. 3.3.1 ergänzen.

Generelle Vorteile von Partnerfeedback sind:

- Alle Lernenden sind aktiv involviert, sowohl durch Feedback-Geben als auch durch Feedback-Empfangen. Dadurch partizipieren alle am Lernen.
- Alle individuellen Arbeiten werden gelesen/angesehen/angehört.
- Schreibende können Anmerkungen von Mitlernenden („Gleiche unter Gleichen") oft leichter annehmen als von Lehrenden. Wenn weniger Emotionen mit dem Feedback verbunden sind, kann dies zusätzlich motivieren.[80]
- Mitlernende formulieren ihre Erklärungen in informeller Sprache.
- Feedback-Geber möchten den Empfängern helfen, ihren Text o. Ä. zu verbessern (soziale Kompetenz). Alle müssen überzeugt sein, dass sie für das Lernen der anderen mit verantwortlich sind.[81]
- Feedback-Geber vergleichen automatisch mit ihrer eigenen Arbeit, lassen sich ggf. inspirieren.

80 Vgl. Wiliam/Leahy 2015, S. 148.

81 Vgl. ebd., S. 149.

- Geber und Empfänger müssen sich beim Feedback an Qualitätskriterien orientieren. Lernschritte und -informationen werden anhand dieser Kriterien bewusst reflektiert. Dies ist von besonderer Wichtigkeit, da die Gespräche auf diese Weise konstruktiv sind und nicht ins Persönliche abdriften.
- Gemeinsam mit Lernpartnern konstruiertes Feedback ist wirksamer, weil es nicht von außen kommt.
- Kurze Partnerfeedbackphasen lassen sich im Unterricht schnell einrichten.
- Feedback-Empfänger können die Rückmeldungen auch begründet ablehnen bzw. ihre Arbeit verteidigen. Im Dialog können sie jederzeit Unklarheiten besprechen.[82]

In der Fachliteratur werden mögliche Hindernisse von Partnerfeedback benannt[83], die es individuell für jede Lerngruppe zu erkennen und zu berücksichtigen gilt. Durch Übungen kann Abhilfe geschaffen werden.

Hier die wichtigsten Punkte bezüglich der Hindernisse beim Partnerfeedback:

- Feedback-Empfänger könnten die Rückmeldungen auf ineffektive oder oberflächliche Weise nutzen, weil sie an der Kompetenz der Geber zweifeln oder die Geber persönlich ablehnen und daher nicht bereit sind, ihr Feedback zu nutzen. Möglicherweise versuchen sie auch, ihre Vorgehensweise zu rechtfertigen. Außerdem könnte es ihnen an der Kompetenz mangeln, eigene Probleme zu erkennen und Feedback ausreichend zu reflektieren. Sie könnten zu wenig Zeit darauf verwenden, auf den Rückmeldungen aufzubauen oder ihre Ablehnung mit Argumenten zu begründen. Wertschätzung wird jedoch nur durch eine solche Beschäftigung mit dem Feedback ausgedrückt.
- Feedback-Geber wiederum könnten persönlich befangen sein oder aber nicht über ausreichende fachliche, sprachliche oder soziale Kompetenzen verfügen, um mit den Empfängern eine Auseinandersetzung über die Rückmeldungen zu führen.

82 Vgl. Rollinson 2005, S. 30.
83 Vgl. u. a. Cheng et al. 2015, S. 78–84, Oxford Learning Institute.

Auch bei Partnerfeedback ist die (an)leitende Rolle der Lehrkraft zentral.

Tipps zur Rolle der Lehrkraft bei Partnerfeedback

- Betten Sie Partnerfeedback in andere Unterrichtsaktivitäten ein
- Üben Sie gutes Feedback-Geben und -Empfangen;
  eine Möglichkeit ist das gemeinsame Entwerfen von Postern
- Leiten Sie die Lernenden bei allen Aktivitäten an
- Modellieren Sie Feedback
  Aus der Praxis: *Ich habe Lernenden Feedbackkommentare anonym vorgelegt und mit ihnen darüber diskutiert, wie hilfreich diese für die Empfänger sind. So reflektieren die Lernenden die Art und Weise des Feedback-Gebens, und wir lernen gemeinsam, hilfreich zu formulieren. Wenn das eigene Feedback dann auch noch unterschrieben werden muss, sind sich die Lernenden noch stärker ihrer Verantwortung bewusst.*
- Limitieren Sie die Beobachtungsaufgaben (zumindest anfänglich)
- Sichten Sie die Feedbackaktivitäten exemplarisch
- Führen Sie informelle Gespräche
- Bemühen Sie sich, die Inhalte der Arbeiten wahrzunehmen und zu verstehen
- Geben Sie ggf. zusätzliche eigene Impulse oder Vorschläge
- Sehen Sie Rückmeldungen auf sachliche Richtigkeit durch
  Aus der Praxis: *Wenn es sich um längere Partnerfeedbackphasen mit mehreren Durchgängen handelt (z. B. bei Schreibkonferenzen, s. Kap. 3.3.8.), lese ich die Feedbacks immer zu Hause. Ggf. muss ich sie ergänzen. Meine Erfahrungen haben gezeigt, dass Feedback nicht immer automatisch von hoher Qualität und hilfreich ist.*
- Informieren Sie sich, ob und wie Feedback-Empfänger Feedback-Vorschläge in ihrer Arbeit verwenden
- Führen Sie Metagespräche mit Feedback-Gebern und -Empfängern
- Führen Sie eine Metareflexion des Partnerfeedbacks durch, auf Skalen[84] oder qualitativ

An dieser Stelle sollen in Praxisbeispielen mit Schüleräußerungen exemplarisch drei qualitative Formen von Metareflexionen zu Feedbackdialogen vorgestellt werden.

84 Vgl. Wilkening 2016, KV 7 auf S. 44, KV 32 auf S. 126, KV 34 auf S. 128.

Praxisbeispiel 1: Partnerfeedback in einer Aufgabe der Klassenarbeit[85]
„Ein Vorteil ist, dass man da auch miteinander reden kann, sodass man es besser versteht." – „Das Feedback im Dialog ist besser, weil du dem anderen die Sachen, die er falsch gemacht hat, erklären kannst. Im Schriftlichen geht das nicht so genau." – „Man konnte das Feedback besser verstehen." – „Ein Vorteil ist, dass man sich besser austauschen kann." – „Man kann es einem besser erklären und man kann Sachen mündlich besser weitergeben (ausdrücken)." „Es ist ein Vorteil, dass es nicht schriftlich ist und man somit weiss, dass es ernst gemeint ist."

Praxisbeispiel 2: Metaevaluation von Gruppenfeedback im Vergleich zu schriftlichem Feedback in einer Aufgabe der Klassenarbeit[86]
„Man konnte sich in den Gruppen gut über die Texte austauschen und so ein besseres Feedback geben." – „Man konnte mehr Ansichten und Ratschläge von den Leuten bekommen und auch noch mal direkt die Mitschüler fragen, wieso sie diese Meinungen vertreten." – „Ich fand es sehr gut, da man, wenn man sich unsicher war, etwas untereinander klären konnte."

Praxisbeispiel 3: Metaevaluation von Feedbackdialogen im Vergleich zu anonymem Klassenfeedback[87]
In einer Videokonferenz geben die Lernenden Partnerfeedback auf eine von mir anonymisierte Schülerarbeit, nach den Kriterien im Lehrbuch. Im Chat schreiben sie dann, inwiefern ein persönlicher Dialog mit dem/der Schreibenden hilfreicher gewesen wäre:
„Man könnte noch mehr Fragen zu den Tieren stellen, damit der Schreiber noch Informationen hinzufügt." – „Man kann direkt nachfragen, wie etwas gemeint ist oder warum derjenige etwas so geschrieben hat." – „Man könnte Fragen stellen zu Sachen, die man nicht verstanden hat."
Bei dem Metafeedback geht es um Erweiterungen, die persönlich besser besprochen werden können (s. dazu Kap. 3.3.7.), oder um das Verständnis bestimmter Passagen.
Unbestritten ist Partnerfeedback, v. a. in dialogischer Form, sehr lohnenswert, aber auch zeitaufwändig.

85 Abschriften aus meinen Scans der Metaevaluationen in Klassenarbeiten der 7. Klasse Englisch.
86 Abschriften aus meinen Scans der Metaevaluationen in Klassenarbeiten der 9. Klasse Französisch.
87 Chatnachrichten aus einer Videokonferenz einer Klasse 7.

Zur Minimierung dieses Aufwandes bzw. zur Zeitersparnis hier einige Praxistipps:

- Lernende schreiben zu ihren *Hausaufgaben* je drei Fragen auf, mit der Bitte an ihre Mitlernenden, ihnen durch die Beantwortung zu helfen.[88]
- Einzelne Mitglieder von Kleingruppen können *verschiedene* Feedback-*Aufträge* haben (wie: Schüler A beschäftigt sich mit der optischen Gestaltung des Posters, Schüler B liest den Inhalt nach Richtigkeit der Informationen etc.)
- Im Plenum wird Feedback zu einer anonymen Arbeit gegeben. Die Rückmeldung wird in Kleingruppen- oder Einzelarbeit entsprechend angepasst. Die Gruppen/Einzelnen erklären dann den anderen ihre Bearbeitungen.
- Man kann auch *verschiedene* anonymisierte Arbeiten vergeben oder dieselben Arbeiten mit unterschiedlichem Feedbackauftrag an verschiedene Gruppen verteilen.[89]
- Sollen alle Lernenden Feedback zu ihren Arbeiten erhalten, können *Aufgaben verteilt* werden: Einige davon sichtet die Lehrkraft, andere werden durch Selbst- und Partnerfeedbackschleifen mehrfach mit den Kriterien abgeglichen, bevor die Lehrkraft dann selbst noch einen abschließenden Blick darauf wirft.[90]

***Aus der Praxis:** In Pandemiezeiten sind die Möglichkeiten, Feedback zu geben und in einen Dialog darüber einzutreten, erschwert; dennoch ist es sehr wichtig und von Lernenden und ihren Eltern dringend erwünscht, (wenigstens teilweise) eine Rückmeldung zu erhalten und (wenigstens teilweise) in ein Gespräch darüber einzutreten. Hier ist Kreativität gefragt.*

Zu Feedbackaktivitäten insgesamt gibt es in der Literatur unendlich viele Vorschläge für verschiedene Zeitdauer und alle Altersgruppen.[91]

Einige Schüler/-innen sind der Meinung, Mitlernende könnten oder sollten kein Partnerfeedback geben, oder sie wollen dieses Feedback nicht annehmen. Aber warum eigentlich? Kann die neuere Form von Feedbackgesprächen diese Vorbehalte möglicherweise abbauen, durch eng angeleitete gegenseitige Wertschätzung und Qualitätsorientierung?

88 Vgl. Wiliam 2018, S. 261.

89 Vgl. Wiliam/Leahy 2015, S. 110.

90 Wiliam/Leahy 2015, S. 121 sprechen vom „four-quarters approach“: ¼ der Arbeiten detailliertes Lehrerfeedback, ¼ kursorisches Lehrerfeedback, ¼ Partnerfeedback, ¼ Selbsteinschätzung.

91 Vgl. Bastian/Combe/Langer 2016[4], Schneider/Maitzen 2021[3].

3.3.7 Sprachliche Impulse für Feedbackdialoge

WISNIEWSKI/ZIERER[92] thematisieren den Widerspruch zwischen der erwiesenermaßen hohen Wirksamkeit von Feedback einerseits und den in der Praxis häufig scheiternden Feedbackversuchen andererseits. Es sei von entscheidender Bedeutung, *wie* Feedback erfolge und *was anschließend mit den Ergebnissen passiere.* Deshalb müssen auch die Feedbackdialoge zwischen den Lernenden intensiv angeleitet und eingeübt werden. Darüber hinaus ist dies ein recht neues Thema: Es könnte daher hilfreich sein, einige Formulierungen zu Fragen und Impulsen aus der Literatur[93] und von mir selbst ausformulierte Beispiele aufzulisten, um sie als Lehrkraft noch gezielter anzuwenden, und vor allem, um Lernende beim Dialog untereinander gezielt anzuleiten. Ziel ist eine Qualitätssteigerung der Produkte, auf inhaltlicher wie auf sprachlicher Ebene.

Gute Fragen/Impulse zum *Feedback-Geben* sollten

- Empfänger zur *Selbstreflexion* einladen („Welche Stärken/Schwächen in deinem Text siehst du?");
- *Performanz* fokussieren (zunächst den Inhalt, in späteren Durchgängen auch – eng begrenzt – die Sprache), nicht die Person („Das musst du mir noch erklären: …");
- ernsthaftes, respektvolles *Interesse* oder *Neugierde* zeigen und um *Erklärung* bitten („Das interessiert mich jetzt aber: …? Ich habe nicht verstanden … Ich bin durcheinander gekommen …");
- in *Ich-Form* geschrieben sein („Ich finde, … Ich mag es, wie du …, Ich meine, es war sehr effektiv als du …, Mein Lieblingsteil war …, Ich war überrascht, dass …").

Neuere Schulbücher bieten einige allgemeine Feedback-Impulse an. Zu konkreteren, auf die individuelle Arbeit bezogenen Impulsen kann es nur Beispiele geben.

Sie sollten

- von ernsthaftem *Interesse* an der *kriterienorientierten* Auseinandersetzung mit der konkreten Arbeit anderer zeugen und:

92 Vgl. WISNIEWSKI/ZIERER 2017, S. 38. Allerdings beziehen sie sich nur auf Schülerfeedback an die Lehrkraft. – Die Erkenntnisse können auch auf anderes Feedback angewendet werden.

93 Die neuere englische Fachliteratur behandelt dieses Thema auf umfassende Weise, so OXFORD LEARNING INSTITUTE, WILIAM 2018, HATTIE 2012, HANSEN/LIU 2005 u. v. m.

- zur *Verbesserung* ermutigen, ggf. indem Ideen im Text mit persönlichen Interessen verbunden werden („Du erwähnst Schwimmen als Freizeitaktivität. Ich weiß, du schwimmst gern. Warum?“);
- *Materialien, Ideen, Vorschläge, Beratung* anbieten („Ich habe da kürzlich einen guten Artikel zu Plastikmüll gelesen, der dir vielleicht bei deiner Argumentation weiterhelfen könnte. Soll ich ihn dir mal mitbringen? – Ich denke, es wäre klarer, wenn du …“);
- konkrete *Nachfragen* stellen, die zum Nachdenken/Erweitern anregen (Problem: Häufig sind Aussagen nicht ergiebig genug).

***Aus der Praxis:** Mit einer 7. Klasse Englisch habe ich dies folgendermaßen eingeleitet (Thema: Geschichten schreiben, dabei reichhaltige Ideen darbieten): An eine anonyme Geschichte haben wir gemeinsam viele Fragen formuliert (s. Abb. 9); anschließend tauschten die Lernenden ihre Texte untereinander und formulierten ebenfalls Fragen. Als Ergebnis wurde im Anschluss an diese Phase eine inhaltlich und sprachlich reichhaltigere Geschichte geschrieben. Ich habe deutlich gemerkt, dass die Inhalte für die Schüler/-innen erstmals wirklich bedeutsam geworden sind, sie haben die Geschichten der anderen wirklich gelesen. Nach Anfangsschwierigkeiten („Was? Nicht die Sprache verbessern?“) konnte ich sie gut dazu bewegen, detaillierte Fragen zu Einzelaspekten zu formulieren.*

Who belongs to your family? How long was your holiday? Who organized the course? How much did it cost? How many people were in it? On which day did it start? Did it run daily? Why do you repeat the same idea? From which part of Germany is Emilia?	My friend Emilia I met Emilia one month ago in Italy. My family and I spent our holidays in Tarboule at the Garda Lake. My brother and I attended a cool surfing course there which started at nine a.m. In this course I met Emilia, a nice girl from Germany. She is also twelve …

Abb. 9

***Aus der Praxis (s. Abb. 10):** Eine andere Klasse 7 schreibt eine Geschichte nach bestimmten – aus dem Englischbuch bekannten – inhaltlichen, sprachlichen und stilistischen Kriterien. Die Mitlernenden konzentrieren sich bei ihrem Feedback nur auf die stilistischen und inhaltlichen Aspekte und schreiben zu deren Umsetzung in verschiedenen Farben (je nach Kriterium) in die 2. Spalte.*

In höheren Klassenstufen werden dann inhaltlich weiterführende Fragen gestellt (in der 2. Spalte oder in Form eines Briefes).

Spelling: 1 were, 2 steps, 3 Island 4 very
6 example c

How long do did you go to Greece?

Look at your spelling!

Try to use some other conjunctions.

Describe more with adjectives adverbs.

Tense could go into Δ

5 We were at

Please don't make (put) words in sentences where they are illogical

In English please = rental car

..., you were asked to choose ONE of the three themes, not all!

Tb. Nr. 2 words: 126

a) In the summer holidays I was on the vary big and nice Iland Greece. We vear in a big Hotel. There are (were) so many pools and we vear by the see. Only two stups and we can (could) go into it. We were in many places there for exempel in a big canyon, we had a meet Auto and we were in the biggest city of this Iland. It was a very nice Family tryp.

b) I play a very nice game Pokemon GO and I met very many frendly persons. So I have many fun with this people.

c) My hometown is a very friendly place but in the night there are many scary peopel how kill another peopel. At the my town is very friendly.

Abb. 10 Partnerfeedback-Aufsatz mit geschickt formulierten Impulsen (Klasse 7)

***Aus der Praxis:** Ein Lernender hatte beim Schreiben inhaltlich große Probleme. In einer Schreibkonferenz hat ihm eine Feedback-Geberin einen Brief geschrieben (s. Abb. 11) und ihn darin geschickt durch ihre Impulse und weiterführenden Fragen inspiriert. Da diese Idee so hervorragend ausgeführt war, habe ich den Originaltext und den Feedback-Brief anonymisiert und für alle* *kopiert. Daraufhin optimierten alle Lernenden der Klasse den Originaltext mithilfe der Impulse aus dem Brief.*

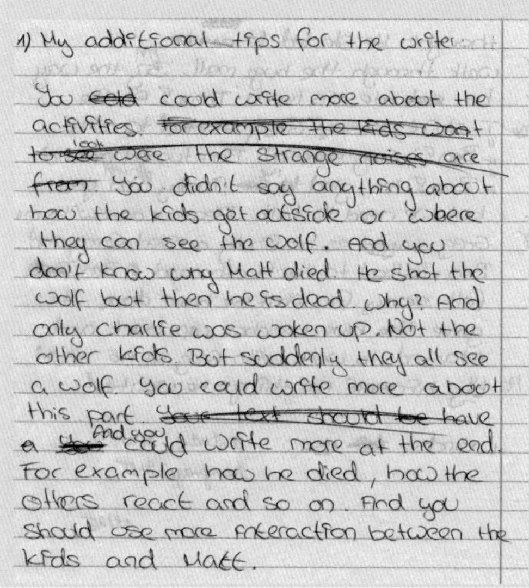

1) My additional tips for the writer:

You ~~cold~~ could write more about the activities. ~~For example the kids want to see~~ look were the strange ~~noises~~ are ~~from~~. You didn't say anything about how the kids get outside or where they can see the wolf. And you don't know why Matt died. He shot the wolf but then he is dead. Why? And only Charlie was woken up. Not the other kids. But suddenly they all see a wolf. You could write more about this part. ~~Your text should be have~~ a ~~...~~ And you could write more at the end. For example how he died, how the others react and so on. And you should use more interaction between the kids and Matt.

Abb. 11: Partnerfeedback-Aufsatz mit geschickt formulierten Impulsen (Klasse 8)

Der Gedanke, Feedback nicht nur zu geben, sondern auch *zu ersuchen*, ist recht neu. VandeWalle[94] betont, dass ein solches Feedback wesentlich informativer sein könne, da Feedback-Empfänger auf diese Weise erstens den Dialog mit den Gebern *gezielt initiierten* und zweitens selbst intensiv *involviert* seien. Dies führe zu mehr *Selbstbestimmung* und *intrinsischer Motivation*, das Feedback zur konstruktiven Verbesserung zu verwenden. Voet[95] bekräftigt durch seine Forschungsergebnisse, dass auf diese Weise wesentlich mehr informatives, auf die Bedürfnisse der Empfänger ausgerichtetes Feedback gegeben wird. Larsen-Freeman[96] schlägt vor, dass Lernende die Lehrkraft um eine bestimmte Art von Feedback bitten (z. B. Korrekturen im Text oder nur Korrekturzeichen, handgeschriebenes Feedback oder Feedback per E-Mail, per Audioaufnahme oder im persönlichen Gespräch) und auf einen bestimmten Bereich fokussieren (z. B. nur Vokabular, nur Verwendung der Zeiten). Lernende können Lehrkräfte oder auch Mitlernende gezielt um Feedback bitten.

94 VandeWalle 2003, S. 595 f.

95 Voet 2018, S. 146.

96 Vgl. Larsen-Freeman 2021, S. 10.

Praxistipp aus einer Schreibkonferenz in einer Klasse 10/Englisch: *Die Fragen- bzw. Impulsanfänge zur Formulierung einer Bitte um Feedback, die ich meinen Lernenden auf zwei Arbeitsbögen ausgeteilt habe (aus vielen Listen in der englischsprachigen Fachliteratur entwickelt), habe ich im Folgenden für Sie übersetzt.*

Arbeitsblatt A:

Fragen für das erste Partnerfeedback (nur über Inhalt; werden von den Verfassern der Texte gestellt)

Dies sind Beispiele. Du kannst weitere Fragen über deine spezifische Argumentation dazu schreiben. Deine Partnerin / dein Partner schreibt ihre/seine Antworten hinter die Impulse und fügt ggf. weitere Kommentare hinzu.

- Was hat dir an meinem Text am besten gefallen? Warum?
- Ging das jeweilige Problem aus dem Einleitungssatz zu jedem Abschnitt klar hervor? Wenn nicht, was müsste ich ändern, um es klarer zu machen?
- Waren alle Argumente/Lösungen relevant? Habe ich sie gut erklärt? Wo kann ich weitere Details hinzufügen?
- War die Reihenfolge der Argumente/Lösungen logisch und einleuchtend?
- Ich möchte dir eine spezifische Frage zu diesem Argument stellen: …

Arbeitsblatt B:

Fragen für das zweite Feedback (zur Sprache; werden von den Verfassern der Texte gestellt)

Dies sind Beispiele. Du kannst weitere Fragen zu Wortschatz, Grammatik, Stil dazu schreiben.

- Ich habe Schwierigkeiten mit folgendem Gebiet meines Wortschatzes: … Bitte hilf mir, problematische Stellen zu finden, indem du ungeschickt gewählte Wörter unterstreichst.
- Ich habe Probleme mit meiner Rechtschreibung. Bitte hilf mir, solche Stellen zu finden, indem du Wörter umkreist.
- Ich habe Schwierigkeiten mit folgendem Gebiet der Grammatik: … Bitte hilf mir, solche Stellen zu finden, indem du falsche Formen durchstreichst.
- Habe ich die Sätze ausreichend miteinander verbunden? Bitte markiere mit einem Kreuz, wo ich dies noch tun könnte.
- Kannst du mir helfen, folgende Formulierung zu verbessern: …

Wertschätzung der Feedback-Empfänger

Wir sehen durch diese Beispiele: Schreibende werden in diesen Gesprächen stark aufgewertet, denn sie können den Feedback-Gebern gezielt diejenigen Fragen stellen, die für sie wichtig sind. Die Feedback-Geber wiederum profitieren davon, dass sie ihren Blick für kriterienorientiertes Arbeiten schärfen und auf ihre eigenen Texte übertragen können.

Gute Feedbackimpulse von Gebern und Empfängern können beispielsweise in Schreibkonferenzen geübt werden.

Könnte die Lehrkraft nicht durch halboffene Impulse für Feedback-Geber und -Empfänger zu guten Gesprächen hinleiten? Denn Feedback ist nicht per se wirksam. Dazu müssen die Formulierungen geplant sein. Wie kann die Rolle von Feedback-Empfängern noch gewinnbringender gestaltet werden? Ein m. E. großartiger Gedanke für das Feedbackgespräch ist, dass auch Empfänger gezielt Feedback ersuchen können. Durch die Impulse der Feedback-Geber und -Empfänger wird sichergestellt, dass die Produkte im Dialog engmaschig mit den Qualitätskriterien abgeglichen werden. Urteilen Sie, liebe Kolleginnen und Kollegen, nun selbst: Ist die Zeit, die wir für solche „wahren" Feedbackdialoge aufwenden müssen, nicht gut ins Lernen investiert?

3.3.8 Feedbackdialoge in Schreibkonferenzen

Ein bekanntes Beispiel für Feedbackdialoge unter Lernpartner/-innen sind Schreibkonferenzen, in denen sie kriteriengestützt mündlich und schriftlich Texte besprechen. Neben gewinnbringendem Feedback lassen sich hier soziale Kompetenzen fördern.

Zu diesem Instrument gibt es vor allem in der englischsprachigen Forschung reichhaltige Literatur. In der Lerntheorie hat die Schreibkonferenz eine lange Geschichte:[97] Zu erwähnen sind hier etwa das *process writing* der 1970er Jahre und die Konzepte zu *Partner- und Gruppenarbeit* der 1980er Jahre. Letztere besagen, dass Lernen eine sozial eingebettete Aktivität ist, die durch Kommunikation mit Mitlernenden erfolgt. Wygotski hat bereits in den 1930er Jahren herausgefunden, dass die kognitive Entwicklung eines Menschen von der sozialen Interaktion unterstützt wird, in der Individuen ihre gegenwärtige Kompetenz durch Kommunikation mit einem anderen Menschen höheren Intellekts erweitern. Auch den *interaktionistischen* Theorien des SLA (*Second Learning Acquisition,* Zweitsprachenerwerb) der 1980er Jahre nach profitiert das Lernen davon, dass Bedeutungen zwischen Lernpartner/-innen ausgehandelt werden. Diese Theorien sind frühe Mei-

97 Vgl. Hansen/Liu 2015, S. 31.

lensteine in der Entwicklung, die zu den heutigen Feedbackdialogen geführt hat.

Eine sehr hilfreiche Einleitung in den Dialog sind *Feedbackskripte*[98]: Sie stellen eine *Struktur* für den Ablauf des Feedbacks bereit. Die verschiedenen Stadien müssen umfangreich geplant werden. Sie beginnen schon vor dem eigentlichen Partner/-innenfeedback, denn zunächst müssen gelingende Kommunikationsprozesse unter Lernpartner/-innen und in der Kleingruppe vorbereitet werden. Erst dann kann die inhaltliche und sprachliche Auseinandersetzung erfolgen. Der Katalog von HANSEN/LIU sei hier exemplarisch für eine Unterrichtseinheit wiedergegeben.[99]

Ablaufschema Feedbackskript

- Planung der Integration des Partner- und Lehrerfeedbacks in den Schreibprozess
- fakultativ: Klassendiskussion über Vorerfahrungen mit Partnerfeedback und Gruppenarbeit; Schaffung eines guten Klassenklimas
- Auswahl der Art von Feedback (mündlich, schriftlich, schriftlich und dann mündlich, online)
- Kreieren der Partnerantwortbögen (durch Lehrkraft, oder durch Lehrkraft und Lernende, oder nur durch Lernende); mögliche Formen können sein: Checklisten, Raster, Frageanfänge, Satzanfänge zum Vervollständigen, Auflistung von relevanten Themen
- Lernende erhalten Beispiele von Frageimpulsen für Feedback-Empfänger
- Lernende erhalten Beispiele von Partnerantworten durch Feedback-Geber, anonyme Partnerkommentare werden diskutiert
- Lernende entscheiden über Gruppenbildungsprozess und -regeln für Partnerfeedback
- Lernende entscheiden über Vorgehen/„Regeln" für das aufs Partnerfeedback folgende Gespräch; z. B. sprechen die Verfasser der Texte und die Feedback-Geber abwechselnd eine bestimmte Zeit
- Lehrkraft leitet beim „richtigen" Ton seitens der Feedback-Geber an. Besonders relevant ist dies natürlich in den Fremdsprachen, da die Sprachimpulse gesammelt oder gar erst unterrichtet und in Probefeedback-Aktivitäten geübt werden müssen. Die Lehrkraft kann dies auch mit Freiwilligen modellieren. Mögliche Fragen könnten sein:

98 Vgl. PETERS 2018, S. 121.

99 Vgl. HANSEN/LIU 2005, S. 32–37.

„Wie kannst du anderen sagen, dass du nicht verstehst, was sie meinen? Wie könnte man es höflicher sagen? Wie kannst du sagen, dass du noch mehr Erklärungen brauchst oder noch mehr darüber wissen möchtest?"

- Übungsphasen zum abwechselnden Sprecheinsatz der verschiedenen Akteure („Probe-Partnerfeedback") für alle Fächer
- Während des Feedbackgesprächs kann ein/e Beobachter/in aus der Gruppe (Dreiergruppen) die Verwendung und Formulierung der eingeübten Fragen bzw. Kommentare überwachen. Die Lehrkraft beobachtet die Gruppen exemplarisch
- Nach dem Partnerfeedback listen die Schreibenden die Partnerkommentare auf und entscheiden, ob und wie sie als Reaktion nun Veränderungen an ihrem Text vornehmen oder aber begründen, warum sie dies nicht tun
- Nach der erneuten Arbeitsphase lesen andere Lernende die endgültigen Fassungen, oder die Schreibenden fassen zusammen, was sie aufgrund des Feedbacks verändert haben
- Die Partnerfeedbackphase wird metaevaluiert

Wir sehen an diesem Ablaufschema, dass auch hier die Lehrkraft in jeder Phase die zentrale planende, leitende und unterstützende Rolle innehat. Sie pflegt engen Kontakt mit allen Beteiligten.

In Schreibkonferenzen können Selbst-, Partner- und Lehrerfeedback in Kombination durchgeführt werden (s. Abb. 6, S. 70). Das Feedback ist hier nicht anonym, sodass Rückfragen an die Geber gestellt werden können.

Auch können Selbst- und Lehrerfeedback zu Schreibprodukten kombiniert werden, z. B. für Hausaufgaben und Mitarbeit.[100]

Durch Üben des Partnerfeedbacks bereiten sich die Lernenden gezielt auf Selbstfeedback vor. Black[101] stellt fest, dass Peer-Feedback dabei helfen kann, eine objektive Haltung für effektives Selbstfeedback zu entwickeln.

In der Fachliteratur gibt es unterschiedliche Standpunkte zu der Frage, welche der beiden Feedback-Arten zuerst eingeführt wird oder ob die Lernenden je nach Bedarf beide anwenden sollten[102] (wofür ich plädiere).

100 Vgl. auch die Materialien in Wilkening 2013, S. 60.

101 Vgl. Black et al. 2004, S. 15.

102 Diese Diskussion habe ich evaluiert. Vgl. Wilkening 2013, S. 24.

Durch die dialogische Form der Schreibkonferenz können Feedback-Geber und -Empfänger vom Lernen profitieren: In wertschätzenden, kriteriengestützten Gesprächen verschiedenster Form tauschen sie sich hier über bereits vorliegendes Gutes und Optimierbares aus. Durch die Ideen der anderen lernen beide Seiten für ihr Werk, und sie lernen, darüber zu reflektieren. Persönliche Befindlichkeiten stehen außerhalb des Prozesses. Wenn es der Lehrkraft gelingt, diese Prozesse gewinnbringend zu initiieren, zu lenken und zu beobachten, können daraus optimale schülerorientierte Gespräche beim und über das Lernen entstehen.

3.3.9 Schüler/-innen übernehmen Verantwortung für ihr Lernen (Selbstfeedback)

IHRE ERFAHRUNGEN SIND WICHTIG
Welche Erfahrungen haben Sie mit Selbstfeedback Ihrer Lernenden gemacht?
Welche Voraussetzungen sind dazu Ihrer Meinung nach nötig?
Welche Vorzüge hat Selbstfeedback?

3. Befragung, Aussage 10: Ich kann *mein eigenes Lernen* reflektieren und es danach regulieren. – *Ergebnis:* Note 2,5 (an 12. Stelle/20)

Analyse: Im Vergleich zur Wertschätzung der Bedürfnisse, Gefühle und Überzeugungen von Mitlernenden in Aussage 11 (vgl. Kap. 3.3.6., Rangfolge 6/20) siedeln die Lernenden die Selbstreflexion sehr viel niedriger an, sie haben damit also große Probleme.

„Feedback should … increase the extent to which students are owners of their own learning."[103]
„The key variable in your growth is not your teacher … It's you."[104]

Die hier beschriebene Übernahme von Verantwortung für das eigene Lernen und damit für das eigene Wachstum beginnt schon weit vor dem Feedback: Lernende werden durch regelmäßige schülerzentrierte und dialogische Unterrichtsverfahren an den „Dialog mit sich selbst" herangeführt. Sie sollen lernen, ihre Lernprozesse zu reflektieren. Impulse zu allgemeinen, meist inhaltlichen Einschätzungen finden sich in allen neueren Lehrbü-

103 Wiliam 2018, S. 153.
104 Stone/Heen 2014, S. 6.

chern und den meisten Arbeitsheften. Es „gehört einfach dazu", sich am Ende der Lerneinheit selbst zum Erlernten zu befragen bzw. weiterführende Aktivitäten zu unternehmen, z. B. zur Festigung noch unklarer Kompetenzen.

„Schnelle" Selbstreflexion kann in jeder Klassenstufe eingesetzt werden. *Bei jüngeren Lernenden* denken wir an sehr konkrete nonverbale Formen, die alle Sinne einbeziehen: Daumenprobe, Ampelfarben oder Smileys. Auf diese Weise können Lernende rasch mitteilen, ob sie die mündliche oder schriftliche Übung, die Lernphase etc. schwer (rot, L), mittel (gelb, K) oder leicht (grün, J) fanden. Die Lehrkraft wiederum kann schnell darauf reagieren. Sicherlich helfen diese allgemeinen Einschätzungen auch schon Jüngeren dabei, das Nachdenken über Lernprozesse einzuüben. Ebenso leicht können sie zur Vorbereitung einer Klassenarbeit die Themen markieren und so ihre Übungen priorisieren.

Unit 4: Please tick ✓:						
	im Portfolio/ Heft unter	☺	😐	☹	Wie üben?	Kontrolle
Classroom phrases	Classroom phrases				p. 33, ex. 4	Self control (on teacher's desk)
Simple Present	My Day; Grammar § 8, p. 150				p. 35 (Me-Text); Workbook p. 9, ex. 2	Self control (on teacher's desk)
Wortstellung und Zeitbestimmung	Der englische Satz; Grammar § 9, p. 151				Workbook p. 10, ex. 4	Self control (on teacher's desk)
Telefongespräch	Telephone sentences				S. 39 B 9	Teacher's check
Uhrzeit	The time				S. 46 LG 1; partner game (see cards on teacher's desk)	Partner control (on the back of the cards)

Abb. 12: Klassenarbeitstraining Klasse 5

In der *Mittelstufe* sind die Selbstfeedbacks oft schon ausführlicher: Als Instrumente dienen einfache Formen wie Blitzlichter, Zielscheiben, Lernräder; aber es gibt auch umfangreiche Instrumente wie Feedbackfragen zu einem vorläufigen Lernprodukt. Auch die Sozialformen variieren: Neben dem Selbstfeedback wird Partnerfeedback geübt.

Lerntagebücher sind besondere Formen des Dialogs: Zunächst wird dieser von den Lernenden sozusagen als Selbstreflexion geführt, indem sie regelmäßig verschiedene Aspekte ihres Lernprozesses schriftlich reflektieren. Später können daraus Gespräche mit Peers bzw. mit der Lehrkraft entstehen. Lernende können beispielsweise über Interessantes, Hilfreiches, Schwieriges, Strategien, Alternativen schreiben, auf die andere später eingehen, oder sie können proaktiv Hauptstärken und -probleme formulieren, die das Gespräch einleiten.

Aus der Praxis: *Die Schüler/-innen meiner 10. Klasse sollten sich in Gruppenarbeit mit einer Lernaufgabe über amerikanische Nationalparks beschäftigen und die Ergebnisse am Ende präsentieren. Währenddessen haben sie Lerntagebücher geschrieben, in denen es vorrangig um ihre Beiträge zur Gruppenarbeit ging: Nach jeder Englischstunde reflektierten sie schriftlich (und auf Englisch) über ihre Beteiligung; zu Beginn der Folgestunde besprachen sie ihre Reflexionen mit Mitgliedern anderer Gruppen. In diesen Gesprächen formativen Charakters wurden auch offene Fragen angesprochen und alternative Vorgehensweisen diskutiert, was die Qualität der Endprodukte positiv beeinflusste. – Auch in der darauffolgenden Klassenarbeit durften die Schüler/-innen den formativen Dialog schriftlich weiterführen: Sie metareflektierten eine persönliche methodische Schwierigkeit; in einer anderen Aufgabe entwickelten sie zur Verbesserung der künftigen Gruppenarbeit produktive Alternativen für methodische Schwierigkeiten im sozialen Bereich, die in mehreren Gruppen aufgetreten waren.*

In der Oberstufe werden diese Reflexionen abstrakter: Sie beziehen sich auf Inhalte und sprachliche Leistungen; aber auch Methoden, Lernstile, Lernhaltungen, Arbeits- und Sozialverhalten werden metareflektiert. Häufig reichen hier schon kurze Impulse aus.

Meine 13. Klasse Französisch schrieb zur Lernaufgabe über französische Regionen auf Deutsch ausführliche Arbeitsprozessberichte (Lerntagebücher) zu inhaltlichen, arbeitsmethodischen und sozialen Themen. Auch dieser „Selbstdialog“ erfolgte nach jeder Unterrichtsstunde. Zu festgelegten Zeitpunkten im Arbeitsprozess fanden dazu formative Feedbackgespräche mit Peers und mir statt. Dieses Feedback hatte – wie die Schüler/-innen anmerkten – einen großen Einfluss auf ihr weiteres Arbeiten. Nach Beendigung der Lernaufgabe händigten mir die Lernenden die Berichte aus. Es war vorher vereinbart worden, dass sich die Endnote der Unterrichtseinheit aus der Beurteilung der Präsentation und des Lerntagebuchs zusammensetzen würde. Mein Part beim schriftlichen Dialog waren die notenrelevanten individuellen „Briefe“ in Form von Gutachten, die in Kombination mit den formativen Zwischengesprächen zu deutlich höherer Qualität führten.[105]

Allal stellt fest, dass sich die *Selbstregulierung* des einzelnen Lernenden aus dem Zusammenspiel vieler Aspekte speist: aktives Überwachen des eigenen Lernprozesses; Hilfestellung bzw. Feedback durch die Lehrkraft oder Mitlernende; in Gruppenarbeiten ko-konstruierte und in der Folge gegenseitige Regulierung.[106] Hierbei wird die Form der Ko-Regulierung als Übergangsprozess zum Selbstfeedback angesehen, indem sich Lernende durch Interaktion mit einem „fähigeren" Gegenüber Selbstregulierungstechniken aneignen (s. Wygotsky). Daran zeigt sich, dass Selbstfeedback kein isolierter Vorgang ist. Lehrkräfte leiten die Lernenden an, Mitlernende haben Einfluss, auch Mittel und Medien sind wichtig, da sie das Selbstfeedback fördern oder behindern können. Und Selbstfeedback wird in der Unterrichtsrealität häufig mit Lehrer- und Partnerfeedback kombiniert (s. Abb. 6, S. 70).

Anleitung zur Selbstreflexion

Wiliam/Leahy[107] unterstreichen die *leitende Rolle der Lehrkraft* mit folgendem Argument: Schüler/-innen wissen häufig nicht, was sie wissen und können bzw. was nicht. Deshalb ist es so wichtig, dass sie die Lernintentionen und Erfolgskriterien verstehen und ihre Arbeit sorgfältig damit abgleichen lernen (ebenso wie sie beim Partnerfeedback die Arbeiten der anderen damit abgleichen).

Aus der Praxis: *Während der Corona-Krise schickte ich meinen Abiturienten per E-Mail einen deutschen Text, der auf Englisch zusammengefasst werden sollte. Die Lernenden sandten mir ihre Arbeiten, die ich sprachlich korrigierte. Ich fügte eine Checkliste zum Inhalt bei, mit der Aufgabe, die Zusammenfassung individuell damit abzugleichen. Außerdem erhielten die Lernenden die von mir geschriebene Modelllösung. – Eine Abiturientin bat mich, ihr meine Meinung zu ihrem Inhalt zu formulieren. Das „Handwerkszeug", mit dem ich sie ausgestattet hatte, um dies in Eigenverantwortung festzustellen, hatte sie nicht benutzen wollen. …*

105 Beide Unterrichtseinheiten sind ausführlich beschrieben in meiner Dissertation *Selbst- und Partnerevaluation* 2011: Die 1. Einheit ist „Studie 7", die 2. Einheit „Studie 1".

106 Vgl. Allal 2016, S. 263ff.

107 Vgl. Wiliam/Leahy 2015, S. 173.

Aus der Praxis: *Nach den ersten Monaten des pandemiebedingten (teilweisen) Lockdowns sollen Lernende im Präsenzunterricht über die individuelle Arbeitsweise am heimischen Schreibtisch reflektieren.*[108] *In meinem Englischunterricht der 8. Klasse finden die Lernenden Argumente (im* think-pair-share-*Verfahren: allein, zu zweit, im Plenum), warum der Distanzunterricht motivierend bzw. demotivierend ist. Erstaunlicherweise sind die Argumentationen viel tiefsinniger als in meinem Erwartungshorizont: Eine Schülerin beispielsweise sagt, sie sei motivierter, weil das Lernen zu Hause ihr mehr Autonomie ermögliche. – Mit bereits vorbereiteten Diskussionsphrasen und den Argumenten üben die Schüler/-innen als Klasse, aufeinander einzugehen; anschließend führen sie in Partnerarbeit Gespräche, bei denen jede/r einen (gezogenen) Standpunkt möglichst überzeugend vertritt. Die Mitlernenden beurteilen nach vorher gemeinsam vereinbarten Kriterien, wie überzeugend jede/r seine/ihre Rolle dargestellt hat. (Partnerfeedback) – Diese Gespräche zum aktuellen Anlass verfolgen gleichzeitig sprachliche, inhaltliche, personale, soziale und methodische Ziele und können somit auf umfassende Weise zum besserem Lernen beitragen. Hier werden verschiedene Formen von Feedback zusammengeführt.*

In der Folge seien die Vorzüge von Selbst- und Partnerfeedback im Dialog mit sich bzw. Lernpartner/-innen (neben den allgemeinen Feedbackzielen in Kap. 3.3.1.) zusammengefasst.

Selbst- und Partnerfeedback helfen beim Lernen

Selbst- und Partnerfeedback …

- sind Feedbackformen, die *zusätzlich* zum Lehrerfeedback eine wachsende Bedeutung beim und für das Lernen erhalten (jedoch kein Ersatz für die summative Benotung am Ende). Sie werden von Lernenden *selbst* durchgeführt.
- werten Lernende als *Experten für ihre eigenen Lernprozesse* auf, indem sie sie anleiten, *über das Lernen zu reflektieren.*[109]

108 Als Qualitätsbeauftragte meiner Schule habe ich zum Schuljahresbeginn 2020/21 eine dreistündige Ergänzung unseres Methodencurriculums zur Reflexion über und ggf. zur Optimierung von individuellen Arbeitsweisen beim pandemiebedingten Lernen zu Hause entworfen („meine Tagesplanung" und „meine Rechte und Pflichten" angepasst für alle Klassenstufen; für die 3. Stunde konnten die Kolleginnen und Kollegen aus 20 verschiedenen Modulen wählen. Für meine Klasse 8 habe ich das Theater-Modul für den Englischunterricht angepasst).

109 Black et al. 2004, S. 15 f., resümiert die einzigartigen und komplementären Ziele von Selbst- und Partnerfeedback: Es gehe hierbei nicht darum, Stärken oder Schwächen festzustellen, sondern darum, etwas explizit zu ma-

- leiten Lernende an, zunehmend die *Verantwortung* für ihr Lernen (Selbstfeedback) und das ihrer Lernpartner/-innen (Partnerfeedback) zu übernehmen. Diese Verantwortung muss selbst getragen werden; sie kann nicht auf die Lehrkraft „abgeschoben werden".
- führen zu guten Lerndialogen. Diese stärken nicht nur *fachliche,* sondern auch *überfachliche* Kompetenzen. Lernende üben personale Kompetenzen im Selbstfeedback, soziale Kompetenzen im Partnerfeedback, methodische Kompetenzen in beidem.
- können sowohl das *Selbstvertrauen* und die persönliche *Lernmotivation* als auch das *Klassenklima* verbessern.
- gestatten *allen* die *Partizipation* am individuellen und gemeinsamen Lernen während des Arbeits- und Lernprozesses, in dem jederzeit noch *Optimierungen* stattfinden können.
- können die Lehrkraft zeitlich und arbeitsmäßig entlasten, bedürfen aber stringenter *Leitung* (Planung, Betreuung, Kontrolle).
- motivieren zu *Mut, Anstrengungen und Bemühungen,* aber auch zu *Flexibilität* und *Risikobereitschaft.*
- können zu *besseren Noten* führen.
- tragen zur *gegenwarts-* und *zukunftsorientierten* Bildung bei, weil sie Lernende befähigen, zunehmend *autonom* das *eigene lebenslange* Lernen zu *steuern* sowie *lebenslang* in einer *Gruppe* lernfähig zu sein.

Die PIAAC-Studie[110], die Alltagsfertigkeiten Erwachsener untersucht, thematisiert viele Inhalte dieses Buches und soll hier deshalb zu Fazit und Ausblick überleiten. Gute Gepräche erfordern laut dieser Studie umfassende Kompetenzen. Dies wird in den für 2022 geplanten Inhaltspunkt „Adaptives Problemlösen" aufgenommen: Um in einer dynamischen Situation eigene Ziele zu erreichen, ohne eine unmittelbare Methode griffbereit zu haben, sind demnach kognitive (d. h. fachliche) und metakognitive Kompetenzen (z. B. Selbst- und Partnerreflexion über angewandte Methoden) nötig.[111] In

---

chen, was sonst implizit bleibe: Er meint das Lernen. Dadurch – so Black – seien alle Lernenden „gezwungen", aktiv ihr Lernen zu reflektieren und somit zu optimieren

110 Die PIAAC-Studie der OECD hat zum Ziel, Kompetenzen Erwachsener im internationalen Vergleich zu untersuchen. Die geplante Laufzeit ist 2018–2023.

111 Die ebenfalls erforderlichen Haltungen und überfachlichen Kompetenzen, die insbesondere für Heranwachsende im Unterricht relevant sind, werden hier vermutlich vorausgesetzt.

vielfältigen, flexiblen und interaktiven Settings für lebensnahe Szenarien wird einzeln und im Dialog mit anderen nach Lösungen gesucht.

Und die Forschung zur Wissenschaftskommunikation stellt fest, dass Wissenschaft heute nicht nur ihre Inhalte vermittelt, sondern vermehrt auf den Dialog abzielt. Kommunikation müsse daher fester Bestandteil der wissenschaftlichen Ausbildung werden.[112]

112 Vgl. Roos 2020. S. 48f.

Fazit und Ausblick

Dieses Praxisbuch legt den Fokus auf gute Gespräche, die wir mit unseren Schüler/-innen – bzw. sie untereinander oder „mit sich selbst“ – beim Lernen führen; ein weiterer Schwerpunkt sind Metagespräche über Lernprozesse. Beides ist nicht immer scharf zu trennen. Das gilt für alle hier angesprochenen Themen: Sie sind wie ein großes Netzwerk, dessen Bestandteile eng miteinander verflochten sind. Eines haben sie alle gemeinsam: Es geht dabei nicht um fertige Produkte. Deshalb können Gespräche beim und über das Lernen diese „Werke im Entstehen“ unterstützen und ggf. optimieren.

Eine wesentliche Voraussetzung für gutes Lernen sind offene Lernhaltungen – modelliert von der Lehrkraft, der Schulleitung und den Eltern.[1] Zu guten Gesprächen, die beim Lernen unterstützen, führen aber auch eine wertschätzende Lernatmosphäre, bei der alle am Gespräch partizipieren, effektive Fragestellungen, hilfreiche Modelle, Beispiele, Übungen und eine aufgeschlossene Sicht gegenüber Fehlern sowie echtes Interesse an der Weiterentwicklung eigener Gedanken und an der aufmerksamen Beschäftigung mit den Gedanken anderer. Im Rahmen guter, lernförderlicher Gespräche werden Lernintentionen und Qualitätskriterien geklärt und Vorwissen diskutiert, um auf der individuellen Basis aufzubauen.

Ein weiterer Schwerpunkt dieses Buches ist die Rückmeldung im Dialog, wie ja jedes Gespräch in jeder Lebenssituation einen Austausch von Rückmeldungen beinhaltet. Dieser dialogische Ansatz ist die Hauptneuerung im unterrichtlichen Feedback: Wissen wird von (mindestens) zwei aktiven Dialogpartner/-innen gemeinsam im Dialog konstruiert. Auch der „Dialog“ des einzelnen Lernenden mit sich selbst anhand der Qualitätskriterien und die Metareflexion über Aspekte des eigenen Lernens kann dieses durch gezielte Impulse positiv beeinflussen. Gut geplante Feedbackdialoge zum Lernprozess eröffnen unschätzbare Chancen für gegenwärtiges und zukünftiges Lernen. Insofern sind sie ein allumfassendes Konzept für jedwede Phase des Lernens; sie können – gut angeleitet – unsere Schüler/-innen dabei unterstützen, die so wichtige Eigenverantwortung für ihr Lernen zu übernehmen.

1 Larsen-Freeman 2021, S. 14–19, spricht von „the ecology of learner agency“, den oben erwähnten weiteren Einflüssen.

Alle hier angesprochenen Elemente wirken zusammen, um Handlungen zu beschreiben, in denen Lernende ihr Potenzial zum aktiven Lernen im Dialog maximal ausschöpfen können.[2]

Schließlich leben gute Gespräche von uns Lehrkräften: Wir spielen eine zentrale Rolle bei den Lernprozessen unserer Schüler/-innen, und deshalb tragen wir eine enorme professionelle und menschliche Verantwortung. Studien belegen[3], dass unsere Lernenden unsere Einstellungen und unsere Lernhaltung erkennen und davon entscheidend geprägt werden. Wir können ihre Motivation und Leistungen deutlich erhöhen, wenn wir uns um ein warmes sozio-emotionales Klassenklima bemühen, hohe Erwartungen an sie haben, herausfordernde, aber von Unterstützung begleitete Lerngelegenheiten bieten sowie hilfreiche Feedbackgelegenheiten schaffen. In der Pandemie ist unsere Flexibilität, uns auf unterschiedliche Lernsituationen einzustellen und diese variabel und motivierend zu gestalten[4], von großer Bedeutung. TANDLER schließt daraus, dass es eigentlich wichtiger sei, Lehrereinstellungen und -unterrichtsführung zu untersuchen als Verhaltensweisen von Schüler/-innen. Deshalb ist dies Grundlage meines Buches, liebe Kolleginnen und Kollegen.

Und die Erfahrungen, die wir durch die Pandemie machen, bieten uns optimale Möglichkeiten, denn unsere Rolle wird nun noch wichtiger[5]: Unsere Schüler/-innen benötigen jetzt noch mehr Unterstützung, wenn sie Vertrauen in die „anderen" Strukturen von Lernprozessen und sozialen Beziehungen mit Lehrenden und Mitlernenden gewinnen sollen. Gerade das soziale Element des Lernens, das sich auch in der Distanz durch gute Gespräche auszeichnet, muss ganz neu entdeckt und definiert werden. In dieser Situation bietet sich uns die große Chance, durch gut geplante und sensibel initiierte Gespräche beim und über das Lernen gemeinsam mit unseren Schüler/-innen zu wachsen und mit mehr Resilienz unser künftiges Lernen anzugehen.

Auch können wir gezielt die Selbstverantwortung unserer Schüler/-innen stärken, z. B. durch Reflexionen über ihr Lernen – im Gespräch mit sich selbst, mit Mitlernenden, mit uns: Lernende sehen sich selbst klarer in ihrem Lernen, sind aber gleichzeitig sozial verbunden.

---

2 Vgl. Positionspapier der Universität Oxford von LARSEN-FREEMAN 2021.

3 TANDLER 2020 zitiert viele fremde und eigene Untersuchungsergebnisse dazu.

4 Vgl. AL MALKI 2020.

5 Vgl. ebd.

Unterricht als Kommunikation, die besseres Lernen zum Ziel hat, ist tagtäglich unsere größte Herausforderung, aber auch unsere größte Chance. Wir sind – nach HATTIE – *change-agents!*[6] Wir leiten und lenken federführend, wie das Lernen abläuft. Wir betonen Lernprozesse und verbreiten die Sprache des Lernens.[7] Wir investieren in den Dialog, nicht in den Monolog.[8] Wir unterstützen die Schüler/-innen dabei, Herausforderungen und Risiken beim Lernen einzugehen und dies gemeinsam zu thematisieren.

Bei der Gestaltung und Unterstützung von guten Gesprächen in Planungs-, Durchführungs- und Rückmeldephasen sind unsere Offenheit und Flexibilität gefragt. Wir können gezielt die dafür benötigten Kompetenzen und die Lernmotivation, die Neugierde weiterentwickeln. Somit können unsere Schüler/-innen aktiv und im Team, aber auch in selbstständiger Arbeit, durch vielfältige Gesprächsformen Kontrolle über ihr lebenslanges Lernen gewinnen, um verantwortungsvoll die dynamische und schnelllebige Welt von heute und morgen mitzugestalten.

6 Vgl. HATTIE 2014, S. 185 (2. Geisteshaltung).
7 Vgl. ebd., S. 183 (3. Geisteshaltung) und S. 189 (8. Geisteshaltung).
8 Vgl. ebd., S. 187 (5. Geisteshaltung).

Zusatzmaterial

Anonyme Befragung zu Aspekten des Klassenraumdialogs

Bitte beurteilen Sie:

- Wie wichtig ist das für mich? (kaum/etwas/häufig/immer)
- Wie praktiziere ich es in meinem Unterricht? (kaum/etwas/häufig/immer)

		kaum	etwas	häufig	immer
1.	Alle Lernenden und Lehrenden bleiben ständig im Gespräch, sowohl während des Lernens als auch über das Lernen auf Metaebene.				
2.	Die Gesprächsatmosphäre ist vertrauens- und respektvoll.				
3.	Unterricht wird sorgfältig im gemeinsamen Gespräch geplant, ausgehend vom Vorwissen der Einzelnen.				
4.	Lernende werden auch in die Unterrichtsphasen der Durchführung und Auswertung durch kommunikative Prozesse involviert.				
5.	Lernende und Lehrende stellen gemeinsam das Verständnis der allgemeinen Standards und Lernaufgaben sicher.				
6.	Partner- und Gruppenarbeit finden statt.				
7.	Lernenden wird mündliches und schriftliches Selbstfeedback anhand der Zielkriterien ermöglicht.				
8.	Lernenden wird mündliches und schriftliches Partnerfeedback anhand der Zielkriterien ermöglicht.				
9.	Lernende geben der Lehrkraft mündliches und schriftliches Feedback nach Zielkriterien.				
10.	Die Lehrkraft moderiert den Rahmen von Großgruppen- und Kleingruppendiskussionen.				
11.	Die Lehrkraft plant Fragen und andere Impulse, die zu Lerngesprächen führen.				
12.	Lehrkraft und Lernende hören einander zu.				
13.	Die Lehrkraft gibt den Lernenden die Zeit und die Gelegenheit für eine Antwort.				
14.	Alle Lernenden dürfen antworten und miteinander ins Gespräch kommen.				

		kaum	etwas	häufig	immer
15.	Die Lehrkraft stellt möglichst häufig offene, herausfordernde Fragen und differenziert in der Fragestellung.				
16.	Fehler und Missverständnisse werden thematisiert und zu Lernchancen weiterentwickelt.				
17.	Alle Lernenden werden immer wieder motiviert und motivieren sich durch Gesprächsaktivitäten gegenseitig, sich anzustrengen, sich herauszufordern, Risiken zu begegnen, um sich weiterzuentwickeln und zu verbessern.				
19.	Die Lehrkraft gibt bzw. steuert Hilfs-, Übungs- und Unterstützungsmaßnahmen sowie *good practice*-Beispiele, die – möglichst in und durch Kommunikation – Verstehen und Lernen fördern.				
19.	Die Lehrkraft nutzt Gespräche und Aktivitäten, um Informationen über das Lernen zu sammeln, um künftiges Lernen zu optimieren.				
20.	Die Lehrkraft nutzt Erfahrungen und Ergebnisse aus den – mündlich oder schriftlich – von den Lernenden festgestellten oder geäußerten Bedürfnissen, um künftiges Lernen zu optimieren.				

Literatur

AJJAWI, R. / BOUD, D. (2017): Researching feedback dialogue: an interactional analysis approach. In: *Assessment & Evaluation in Higher Education* 42, 2, S. 252–265.

ALLAL, L. (2016): The Co-Regulation of Student Learning in an FfL learning Culture. In: LAVEAULT, D. / ALLAL, L. (eds.) (2016): *Assessment for learning. Meeting the challenge of implementation.* Cham, Heidelberg, New York, Dordrecht, London: Springer, S. 259–264.

ALTRICHTER, H./POSCH, P. (2007): *Lehrerinnen und Lehrer erforschen ihren Unterricht. Unterrichtsentwicklung und Unterrichtsevaluation durch Aktionsforschung.* 4. überarbeitete und erweiterte Auflage. Bad Heilbrunn: Klinkhardt.

BANDURA, A. (1977): Self-efficacy: Toward a unifying theory of behavioural change. In: *Psychological Review* 84, 2, S. 191–215.

BASTIAN, J. (2015): Methodenkompetenz mit Schülerinnen und Schülern erarbeiten. Möglichkeiten einer individuellen Weiterentwicklung des Unterrichts. In: *Pädagogik* 3, S. 6–7.

BASTIAN, J. / COMBE, A. / LANGER, R. (2016[4]): *Feedback-Methoden. Erprobte Konzepte, evaluierte Erfahrungen.* Weinheim, Basel: Beltz.

BEYWL, W. (2014): Kann man Lernen sichtbar machen? In: *Profil* 2, S. 28–30

BLACK, P. / LEE, C. / HARRISON, CH. / MARSHALL, B. (2004): Working Inside the BLACK Box. In: *Phi Delta Kappan*, 86, 1, S. 8–21.

BROCK, A. / HUNDLEY, H. (2017): *The Growth Mindset Playbook. A Teacher's Guide to Promoting Student Success.* Berkley, CA, Ulysses Press.

BROCK, A. / HUNDLEY, H. (2018): *Phrases for Growth Mindset. A Teacher's Guide to Empowering Students through Effective Praise and Feedback* Berkley, CA, Ulysses Press.

BROOKHARDT, S. M. (2014): *How to Create Rubrics and Use Rubrics for Formative Assessment and Grading.* Alexandria, VA: ASCD.

BROWN, G. / WRAGG, E. C. (1993): *Questioning.* London, UK: Routledge.

BUHREN, C. G. (Hrsg.) (2015): *Handbuch Feedback in der Schule.* Weinheim: Beltz.

CHENG, K. H. / LIANG, J. C. / TSAI, C. C. (2015). Examining the role of feedback messages in undergraduates' writing performance during an online peer assessment activity. In: *The Internet and Higher Education,* 25, 1, S. 78–84.

CLARKE, S. (2014[7]): *Active Learning Through Formative Assessment.* London: Hodder Education.

CLARKE, S. (2014): *Outstanding Formative Assessment. Culture and Practice.* London: Hodder Education.

COHN, R.C. (2018[19]): *Von der Psychoanalyse zur themenzentrierten Interaktion.* Stuttgart: Klett-Cotta.

COWIE, B. (2005): Pupil commentary on assessment for learning. In: *The Curriculum Journal* 16, 2, S. 137–151.

COWIE, B./HARRISON, CH./WILLIS, J. (2018): Supporting teacher responsiveness in assessment for learning through disciplined noticing. In: *The Curriculum Journal.* 29, 4, S. 464–478.

CSIKSZENTMIHALYI, M. (1990): *Flow – The Psychology of Optimal Experience.* New York: Harper & Row.

DIXON, H./HAWE, E. (2017): Assessment for learning: a catalyst for student self-regulation. In: *Assessment and Evaluation in Higher Education* 42, 8, S. 1181–1192.

DWECK, C.S. (2016): *Mindset. The New Psychology of Success. Reprint from 2003.* New York: Ballantine Books.

EARL, L.M. (2013[2]): *Assessment as Learning. Using Classroom Assessment to Maximize Student Learning.* Thousand Oaks, CA: Corwin.

EUROPARAT/RAT FÜR KULTURELLE ZUSAMMENARBEIT (2001): *Gemeinsamer europäischer Referenzrahmen für Sprachen: lernen, lehren, beurteilen. Niveau A1, A2, B1, B2, C1, C2.* Council for Cultural Cooperation. Education Committee. Modern Languages Division, Strasbourg. Übersetzt von Jürgen Quetz u.a. Berlin: Langenscheidt.

HANSEN, J.G./LIU, J. (2005): Guiding principles for effective peer response. In: *ELT Journal*, 59, S. 31–38.

HARDELAND, H./BERGER, M. (2019): *Kompetenzorientierte Gespräche mit Schülerinnen und Schülern in der Sekundarstufe. 42 Dialogkarten.* Weinheim, Basel: Beltz.

HATTIE, J. (2009): *Visible learning: A synthesis of over 800 meta-analyses relating to achievement.* London: Routledge.

HATTIE, J. (2012): *Visible Learning for Teachers. Maximizing Impact On Learning.* London: Routledge.

HATTIE, J. (2013): *Lernen sichtbar machen.* Überarbeitete deutschsprachige Ausgabe von *Visible Learning for Teachers,* besorgt von Wolfgang Beywl und Klaus Zierer. Baltmannsweiler: Hohengehren Schneider.

Hattie, J. (2014): *Lernen sichtbar machen für Lehrpersonen.* Überarbeitete deutschsprachige Ausgabe von *Visible Learning for Teachers,* besorgt von W. Beywl und K. Zierer. Baltmannsweiler: Hohengehren Schneider.

Hattie, J. / Yates, G. (2015): *Lernen sichtbar machen aus psychologischer Perspektive.* Überarbeitete, deutschsprachige Ausgabe von *Visible Learning and the Science of How We Learn,* besorgt von W. Beywl und K. Zierer, Baltmannsweiler Hohengehren Schneider.

Heath, T. L. (1914): Archimedes' Werke. Übersetzt von Dr. F. Kliem. Berlin: Verlag von O. Häring.

Helmke, A. (2005): *Unterrichtsqualität erfassen, bewerten, verbessern.* Seelze: Klett-Kallmeyer.

Helmke, A. (2007): Merkmale guten Unterrichts. Eine Übersicht. In: *Friedrich Jahresheft XXV: Guter Unterricht. Maßstäbe & Merkmale. Wege & Werkzeuge,* S. 64.

Hessisches Kultusministerium. (2018): *Bildungsstandards und Inhaltsfelder. Das neue Kerncurriculum für Hessen. Sekundarstufe I, Gymnasium, Moderne Fremdsprachen.* Wiesbaden.

Hovardas, T. / Tsivitanidou, O. E. / Zacharia, Z. C. (2014): Peer versus expert feedback: an investigation of the quality of peer feedback among secondary school students. In: *Computers & Education,* 71, S. 133–152.

Klieme, E. u. a. (2003[3]): *Expertise. Zur Entwicklung nationaler Bildungsstandards.* Bonn: Bundesministerium für Bildung und Forschung.

Kultusministerkonferenz (2019): *Standards für die Lehrerbildung. Bildungswissenschaften.* Beschluss der Kultusministerkonferenz vom 16. 12. 2004 i. d. F. vom 16. 05. 2019.

Lam, R. (2017): Enacting feedback utilization from a task-specific perspective. In: *The Curriculum Journal* 28, 2, S. 266–282.

Laveault, D. / Allal, L. (eds.) (2016): *Assessment for learning. Meeting the challenge of implementation.* Cham, Heidelberg, New York, Dordrecht, London: Springer.

Lazar, G. / Ryder, A. (2017): Speaking the same language: Developing a language-aware feedback culture. In: *Innovations in education and teaching international* 55, 2, S. 143–152.

Leahy, S. / Lyon, C. / Thompson, M. / Wiliam, D. (2005): Classroom assessment: Minute-by-minute and day-by-day. In: *Educational Leadership* 63, 3, S. 18–24.

Lee, I. (2009): Ten mismatches between teachers' beliefs and written feedback practice. In: *ELT Journal* 63,1, S. 13–22.

LEENKNECHT, M. J. M. / PRINS, F. J. (2018): Formative peer assessment in primary school: the effects of involving pupils in setting assessment criteria on their appraisal and feedback style. In: *European Journal of Psychology of Education,* 33, S. 101–116.

MEYER, H. (2004): *Was ist guter Unterricht?* Berlin: Cornelsen Scriptor.

MULLINER, E. / TUCKER, M. (2017): Feedback on feedback. practice: perceptions of students and academics. In: *Assessment and Evaluation in Higher Education* 42, 2, S. 266–288.

PANADERO, E. / JONSSON, A. / STRIJBOS, J.-W. (2016): Scaffolding self-regulated learning through self- and peer assessment. Guidelines for implementation. In: LAVEAULT, D. / ALLAL, L. (eds.) (2016): *Assessment for learning. Meeting the challenge of implementation.* Cham, Heidelberg, New York, Dordrecht, London: Springer. S. 311–335.

PETERS, O. / KÖRNDLE, H. / NARCISS, S. (2018): Effects of a formative assessment script on how vocational students generate formative feedback to a peer's or their own performance. In: *European Journal of Psychology of Education*, 33, S. 117–143.

ROLLINSON, P. (2005): Using peer feedback in the ESL writing class. In: *ELT Journal* 59, 1, S. 23–30.

RONSAERT, T. / PANADERO, E / SCHELLENS, T. / RAES, A. (2018): "Now you know what you're doing right and wrong!" Peer feedback quality in synchronous peer assessment in secondary education. In: *European Journal of Psychology of Education* 33, S. 255–275.

ROOS M. C. (2020): Wir müssen reden. In: *KlarText*, S. 46–49.

RYAN, R. M. / DECI, E. L. (2017): *Self-Determination Theory. Basic Psychological Needs in Motivation, Development and Wellness.* New York: The Guildford Press.

SCHEUNPFLUG, A. / STADLER-ALTMANN, U. / ZEINZ, H. (2012): *Bestärken und fördern, Wege zu einer veränderten Lernkultur.* Stuttgart: Klett-Kallmeyer.

SCHNEIDER, J. / MAITZEN, CHR. (20213*): Feedbackkultur in der Schule – das Praxisbuch: Profitipps und Materialien aus der Lehrerfortbildung (Alle Klassenstufen).* Augsburg: Auer.

SEIDEL, H. (2020): Schule ohne Noten?! Pädagogisch wertvoll oder unsinnige Arbeitsbelastung? In: *Blickpunkt Schule* 2, S. 19–21.

SEKRETARIAT DER STÄNDIGEN KONFERENZ DER KULTUSMINISTER DER LÄNDER IN DER BUNDESREPUBLIK DEUTSCHLAND (2004): *Bildungsstandards im Fach Mathematik für den Primarbereich. Beschluss der* KULTUSMINISTERKONFERENZ *vom 15. 10. 2004.*

SEKRETARIAT DER STÄNDIGEN KONFERENZ DER KULTUSMINISTER DER LÄNDER IN DER BUNDESREPUBLIK DEUTSCHLAND (2004): *Bildungsstandards im Fach Biologie für den Mittleren Schulabschluss. Beschluss der* KULTUSMINISTERKONFERENZ *vom 16. 12. 2004.*

SEKRETARIAT DER STÄNDIGEN KONFERENZ DER KULTUSMINISTER DER LÄNDER IN DER BUNDESREPUBLIK DEUTSCHLAND (2004): *Standards für die Lehrerbildung: Bildungswissenschaften. Beschluss der* KULTUSMINISTERKONFERENZ *vom 16. 12. 2004.*

SEKRETARIAT DER STÄNDIGEN KONFERENZ DER KULTUSMINISTER DER LÄNDER IN DER BUNDESREPUBLIK DEUTSCHLAND (2004): *Bildungsstandards im Fach Deutsch für die Allgemeine Hochschulreife. Beschluss der* KULTUSMINISTERKONFERENZ *vom 18. 10. 2012.*

SIEGLER, R. / EISENBERG, N. / DE LOACHE, J. / SAFFRAM, J. (2016[4]): *Entwicklungspsychologie im Kinder- und Jugendalter.* Deutsche Ausgabe hrsg. v. S. Paven. Springer.

STONE, D. / HEEN, SH. (2014): *Thanks for the Feedback. The Science and Art of Receiving Feedback Well.* Random House, UK: Penguin.

VANDEWALLE, D. (2003): A Goal-Orientation Model of Feedback-Seeking Behavior. In: *Human Resource Management Review* 13, 4, S. 581–604.

VON DER GROEBEN, A. (2015): Lernziel: Pädagogische Diagnostik. Wie können wir individuelle Leistungen sehen und fördern? In: *Pädagogik* 5, S. 42–47.

VOET, M. (2018): Using feedback requests to actively involve assessees in peer assessment: Effects on the assessor's feedback content and assessee's agreement with feedback. In: *European Journal of Psychology of Education* 33,1, S. 145–164.

WILIAM, D. (2018): *Embedded formative assessment.* Bloomington: Solution Tree Press.

WILIAM, D. / LEAHY, S. (2015): *Embedding Formative Assessment. Practical Techniques for K-12 Classrooms.* West Palm Beach: Learning Sciences International.

WILKENING, M. (1997a): Öffnung des Unterrichts bei Übungen und Wiederholungen, 1. + 2. Lernjahr. In: *Der Fremdsprachliche Unterricht Französisch,* Jg. 31, H. 28, S. 10–14

WILKENING, M. (1997b): Öffnung des Unterrichts zur Übung und Wiederholung, Teil 2. In: *Der Fremdsprachliche Unterricht Französisch,* Jg. 31, H. 30, S. 46–49.

WILKENING, M. (1999): Schülerorientierte Arbeitsformen bei 'Père Noël et Tom Chiffon'. In: *Der Fremdsprachliche Unterricht Französisch,* Jg. 33, H. 41. S. 42–44.

WILKENING, M. (2000): Offene Pre- and After Reading Activities für Short Stories, Sek. II. In: *Praxis des neusprachlichen Unterrichts,* Jg. 47, H. 1, S. 45–53.

WILKENING, M. (2001): Schülerorientierte Behandlung von französischer Kurzprosa. In: *Praxis des neusprachlichen Unterrichts,* Jg. 48, H. 3, S. 293– 300.

WILKENING, M. (2002a): Stationenlernen nach der Lektüre von 'The Boy in the Moon'. In: *Der Fremdsprachliche Unterricht Englisch,* Jg. 36, H. 57 + 58, S. 11–15 und Begleitmaterialien auf CD-Rom (erschienen 11/2002).

WILKENING, M. (2002b): Reflexion über Lernprozesse im schülerorientierten Unterricht. Beispiel: schriftliche Arbeiten beim Englisch- und Französischlernen. In: *Praxis des neusprachlichen Unterrichts,* Jg. 49, H. 4, S. 395–401.

WILKENING, M. (2008): Schülerorientierung und Klassenarbeiten sind vereinbar! In: *Praxis Fremdsprachenunterricht,* Jg. 5, H. 4, S. 47–50.

WILKENING, M. (2011): *Selbst- und Partnerevaluation im schülerorientierten Fremdsprachenunterricht. Eine Untersuchung zu überfachlichen Kompetenzen.* Frankfurt/Main: Lang.

WILKENING, M. (2013): *Selbst- und Partnerevaluation unter Schülern. Lernwege individualisieren – Kompetenzen steigern.* Weinheim: Beltz.

WILKENING, M. (2016): *Praxisbuch Feedback im Unterricht. Lernprozesse reflektieren und unterstützen.* Weinheim: Beltz.

WINTER, F. (2015): *Lerndialog statt Noten. Neue Formen der Leistungsbeurteilung.* Weinheim/Basel: Beltz.

WISNIEWSKI, B. / ZIERER, K. (2017): Schülerfeedback ist nicht gleich Schülerfeedback. In: *Pädagogik* 11, S. 38–42.

WYGOTSKIJ, LEV S. (1932–34/2005). Das Problem der Altersstufen. In: *Ausgewählte Schriften (S. 53–90). Band 2. Hrsg.J. Lompscher.* Berlin: Lehmanns Media.

Webliographie

AL MALKI, N. (2020): Keeping your learners physically distanced but socially engaged. *Cambridge Live Experience.* 10-9-20. https://www.youtube.com/watch?v=G9stUsMp8S8&t=37s (letzter Aufruf: 23.04.21)

ALPS, N. (2018): Das Growth-Mindset: eine Denkweise, die dir Erfolg und Wachstum bringt. In: *zeitzuleben.de* vom 03.04.2018.

BANDURA, A. (1994): *Self-Efficacy.* Bandura1994EHB.pdf (uky.edu) (letzter Aufruf: 23.04.21)

BRIERTON, K. (2020): "Sensitivity, empowerment and compassion", *Cambridge Live Experience.* 9-9-2020. https://www.youtube.com/watch?v=uYSHa7DrHVU&t=27s (letzter Aufruf: 23.04.21)

CALDERON, V. J. (2017): *Why Schools Should Inspire Students to Do What They Do Best.* https://news.gallup.com/opinion/gallup/212132/why-schools-inspire-students-best.aspx (letzter Aufruf: 10.05.2021)

CLASS DOJO'S GROWTH MINDSET SERIES GROWTH MINDSET FOR STUDENTS – EPISODE 1/5 – BING VIDEO (5 Episoden in Kinder-Englisch, die erste übersetzt) (letzter Aufruf: 23.04.21)

DEWITT, P. (2015): Why a Growth Mindset Won't Work. In: *Education Week,* http://blogs.edweek.org/edweek/finding_common_ground/2015/07/why_a_growth_mindset_wont_work.html (letzter Aufruf: 23.04.21)

DWECK, C. S. (2015): The Secret to Raising Smart Kids". In: *Scientific American,* January 1, 2015, https://www.scientificamerican.com/article/the-secret-to-raising-smart-kids1 (letzter Aufruf: 23.04.21)

GALLUP STUDENT POLL: https://www.gallup.com/topic/gallup_student_poll.aspx /letzter Aufruf: 23.04.21)

GROWTH MINDSET: *Growth Mindset vs. Fixed Mindset – Bing video* (letzer Aufruf: 23.04.21)

HATTIE, J. (2016): HATTIE's 10 Mindframes for educators. In: *Becoming an Instructional Leader in Your Building.* July 2016, S. 1: https://www.moedu-sail.org/wp-content/uploads/2016/07/Leadership-Handout-Packet.pdf (letzter Aufruf: 16.10.20)

HATTIE, J. (2018): *How Educators Think Matters.* https://www.youtube.com/watch?v=UJyEXZuIgMQ (letzter Aufruf: 23.04.21)

HOPKINS, G. (2015): *How Can Teachers Develop Students' Motivation and Success?* https://www.educationworld.com/a_issues/chat/chat010.shtml (letzter Aufruf: 23.04.21)

KLIEME, E. (2006): *Zusammenfassung zentraler Ergebnisse der DESI-Studie.* https://www.dipf.de/de/forschung/aktuelle-projekte/pdf/biqua/DESI_Ausgewaehlte_Ergebnisse.pdf (letzter Aufruf: 23.04.21)

LARSEN-FREEMAN, D. / DRIVER, P. / GAO, X. / MERCER, S. (2021): *Learner Agency: Maximizing Learner Potential.* www.oup.com/elt/expert (letzter Aufruf 23.04.2021)

MORALES, R. / BAWTINHEIMER, B. (2020): Helping teachers and learners find their inner resilience. *Cambridge Live Experience.* 8-9-2020. https://www.youtube.com/watch?v=dYoOdhGab6o&t=69s (letzter Aufruf: 23.04.21)

OECD: *PIAAC-Studie* https://www.gesis.org/piaac/piaac-home (letzter Aufruf: 23.04.21)

OECD (2019a): *PISA 2018 Assessment and Analytical Framework.* PISA, OECD Publishing, Paris, https://doi.org/10.1787/b25efab8-en (letzter Aufruf: 23.04.21)

OECD (2019b): *PISA 2018 Results (Volume II): Where All Students Can Succeed.* OECD Publishing, Paris, https://doi.org/10.1787/b5fd1b8f-en (letzter Aufruf: 23.04.21)

OECD (2019c): *PISA 2018 Results (Volume III): What School Life Means for Students' Lives.* PISA, OECD Publishing, Paris, https://doi.org/10.1787/acd78851-en. (letzter Aufruf: 23.04.21)

OXFORD LEARNING INSTITUTE. UNIVERSITY OF OXFORD. *Guidelines for giving and receiving feedback.* http://www.linqed.net/media/20326/Giving-Feedback-OLI.pdf (letzter Aufruf: 23.04.21)

OXFORD UNIVERSITY PRESS (2019): *Global Skills: Creating Empowered 21st Century Citizens. ELT Position Papers. October 2019.* www.oup.com/elt/expert (letzter Aufruf: 23.04.21)

PIAAC-STUDIE: https://www.gesis.org/piaac/piaac-home (letzter Aufruf: 23.04.21)

SCHLEICHER, A. (2019): *PISA 2018. Insights and Interpretations.* https://www.oecd.org/pisa/PISA%202018%20Insights%20and%20Interpretations%20FINAL%20PDF.pdf (letzter Aufruf: 23.04.21)

STEWART, W. (2012): Think you've implemented Assessment for Learning? In: *tes for schools* https://www.tes.com/news/think-youve-implemented-assessment-learning (letzter Aufruf: 23.04.21)

TANDLER, N. / DALBERT, C. (2020): Always look on the bright side of students: does valence of teacher perceptions relate to students' educational performance? In: *Social Psychology of Education.* https://link.springer.com/article/doi:10.1007/s11218-020-09573-z (letzter Aufruf: 23.04.21)

WACHSTUMSDENKEN KINDERN ERKLÄRT – Bing video (letzter Aufruf: 23.04.21)